新型职业农民培育系列教材

新型职业农民
素质提升读本

■ 徐进进　吴智广　秦关召　主编

中国农业科学技术出版社

图书在版编目（CIP）数据

新型职业农民素质提升读本/徐进进，吴智广，秦关召主编．
—北京：中国农业科学技术出版社，2015.7
　ISBN 978-7-5116-2139-9

　Ⅰ.①新…　Ⅱ.①徐…②吴…③秦…　Ⅲ.①农民-素质教育-中国　Ⅳ.①D422.6

　中国版本图书馆 CIP 数据核字（2015）第 127292 号

责任编辑	白姗姗
责任校对	贾海霞

出 版 者	中国农业科学技术出版社
	北京市中关村南大街 12 号　邮编：100081
电　　话	（010）82106638（编辑室）　（010）82109704（发行部）
	（010）82109709（读者服务部）
传　　真	（010）82106650
网　　址	http://www.castp.cn
经 销 者	各地新华书店
印 刷 者	北京富泰印刷有限责任公司
开　　本	850mm×1 168mm　1/32
印　　张	8.125
字　　数	204 千字
版　　次	2015 年 7 月第 1 版　2016 年 3 月第 6 次印刷
定　　价	29.90 元

━━━━◆ 版权所有·翻印必究 ◆━━━━

《新型职业农民素质提升读本》
编 委 会

主　编　徐进进　吴智广　秦关召

副主编　陈中建　倪德华　金小燕　李义东

　　　　　喻旺元　陈文勇　刘松柏　李振红

　　　　　李明青　淡育红　王淑丹　宋会萍

　　　　　高金霞　王亚伟　周　涛　孙晓杰

　　　　　王明顺　方友琴　谭　毅

前　言

当前,我国正处于改造传统农业、发展现代农业的关键时期。农业生产经营方式正从单一农户、种养为主、手工劳动为主,向主体多元、领域拓宽、广泛采用农业机械和现代科技转变,现代农业已发展成为一、二、三产业高度融合的产业体系。支撑现代农业发展的人才青黄不接。农民科技文化水平不高,许多农民不会运用先进的农业技术和生产工具,接受新技术新知识的能力不强。只有培养一大批具有较强市场意识,懂经营、会管理、有技术的新型职业农民,现代农业才能顺利发展。

本书主要从新型职业农民的概述、新型职业农民的培育、新型职业农民的扶持政策、维护新型职业农民身心健康、提高新型职业农民安全意识、培养新型职业农民的法律意识、提高新型职业农民科技创新意识、提高职业农民经营管理的能力、提高新型职业农民的品牌意识、新型职业农民综合知识等方面进行论述。

本书语言通俗易懂、理论联系实际,既可作为新型职业农民培育专用教材,也可适用于农村基层管理人员,尤其乡村管理人员和大学生村官,也适用于从事"三农"问题研究的人员和相关专业的学生阅读。

由于编写者水平有限,书中尚有不足和不妥之处,恳请广大读者批评指正。

编　者
2015年5月

目 录

第一章 新型职业农民的概述 …………………………（1）
  第一节 什么是新型职业农民 ………………………（1）
    一、职业农民的出现 …………………………………（1）
    二、职业农民与传统农民的最大区别 ………………（2）
    三、新型职业农民的分类 ……………………………（3）
    四、新型职业农民的基本特征 ………………………（3）
  第二节 新型职业农民的认定 ………………………（4）
    一、认定原则 …………………………………………（4）
    二、认定条件和标准 …………………………………（5）
    三、认定程序 …………………………………………（5）
  第三节 塑造新型职业农民的必要性 ………………（5）
    一、农民素质与新农村建设目标存在较大差距 ……（5）
    二、农民素质不高阻碍了新农村建设步伐 …………（6）
  第四节 塑造新型职业农民的现实意义 ……………（6）
    一、塑造新型职业农民是推进社会主义新农村建设的
        必要前提 …………………………………………（6）
    二、塑造新型职业农民是发展现代农业的重要保证 …（7）
    三、塑造新型职业农民是实现城乡一体化的必然
        要求 ………………………………………………（7）
    四、塑造新型职业农民是实现乡风文明的重要途径 …（7）
  第五节 做学习型的新型职业农民 …………………（8）
  第六节 做合格的职业农民 …………………………（13）
    一、要有新观念 ………………………………………（13）
    二、要有新素质 ………………………………………（13）
    三、要有新能力 ………………………………………（13）

第二章 新型职业农民的培育 (14)

第一节 培育新型职业农民的必要性 (14)
一、培育新型职业农民是推进农业现代化的必然要求 (15)
二、培育新型职业农民是解决将来"谁来种地"的问题 (16)
三、培育新型职业农民是推进农业产业化发展的基础保障 (17)
四、培育新型职业农民是推进"四化"同步发展的重要举措 (18)

第二节 新型职业农民的培育机构、对象、组织 (19)
一、培训机构 (19)
二、培训对象 (19)
三、组织培训 (20)

第三节 培育新型职业农民的途径和方法 (21)
一、大力推进新型城镇化进程 (21)
二、切实加强农民教育培训 (21)
三、探索建立新型职业农民认定管理制度 (22)
四、着力构建新型职业农民扶持政策体系 (23)

第三章 新型职业农民的扶持政策 (25)

第一节 扶持新型职业农民受到重视 (25)
一、农业生产经营的扶持政策 (25)
二、农业建设项目扶持政策 (26)
三、农业产业发展扶持政策 (26)
四、金融信贷扶持政策 (27)
五、技术服务支撑扶持政策 (27)

第二节 国家重视新型职业农民的培养 (28)

第三节 国家专项优惠政策 (29)

一、粮食直补政策 …………………………………………（29）
　　二、农资综合补贴政策 ……………………………………（31）
　　三、农作物良种补贴政策 …………………………………（33）
　　四、推进农作物病虫害专业化统防统治政策 ……………（34）
　　五、生猪补贴（生猪调出大县奖励）政策 ………………（35）
　　六、增加产粮大县奖励政策 ………………………………（37）
　　七、支持优势农产品生产和特色农业发展政策 …………（40）

第四章　维护新型职业农民身心健康 …………………………（43）
　第一节　保持身心健康 ………………………………………（43）
　　一、职业农民的身心健康标准 ……………………………（43）
　　二、职业农民的饮食健康 …………………………………（46）
　第二节　预防职业病 …………………………………………（54）
　　一、农业劳动卫生的问题 …………………………………（54）
　　二、职业病的定义、分类、特点 …………………………（56）
　　三、职业病的鉴定 …………………………………………（59）
　　四、职业危害因素的种类 …………………………………（61）
　　五、生产性毒物的危害及预防 ……………………………（63）
　　六、生产性粉尘的危害及预防 ……………………………（65）
　　七、生产性噪声的危害及预防 ……………………………（67）
　　八、振动作业的危害及预防 ………………………………（69）
　　九、高温作业的危害及预防 ………………………………（71）
　　十、电磁辐射的危害及预防 ………………………………（73）

第五章　提高新型职业农民安全意识 …………………………（76）
　第一节　农村防火安全常识 …………………………………（76）
　　一、农村火灾 ………………………………………………（76）
　　二、火灾事故预防 …………………………………………（77）
　　三、农村房屋火灾发生的一些特点 ………………………（78）
　　四、农村防火十不准 ………………………………………（80）

第二节 农业机械使用常识 …… (80)
　一、掌握识别优劣农业机械的知识 …… (80)
　二、农业机械的选购 …… (83)
　三、农业机械的保养 …… (85)
第三节 农机具的正确使用与维护保养 …… (86)
　一、铧式犁的技术保养与故障排除 …… (86)
　二、旋耕机的保养 …… (87)
　三、深松机的维护与保养 …… (87)
　四、微耕机保养维护 …… (90)
第四节 肥料、农药的识别和科学施用 …… (92)
　一、农药的使用 …… (92)
　二、农药的选择 …… (93)
　三、农药的购买 …… (96)
　四、肥料与农业生产 …… (100)
　五、肥料市场的基本特征 …… (101)
　六、肥料的国家政策导向 …… (103)

第六章 培养新型职业农民的法律意识 …… (107)

第一节 做懂法、守法的职业农民 …… (107)
　一、学习了解法律常识 …… (107)
　二、懂《宪法》 …… (107)
　三、懂《劳动法》 …… (108)
　四、学会《劳动合同法》 …… (109)
　五、学会《劳动争议调解仲裁法》 …… (110)
　六、懂《社会保险法》 …… (111)
　七、懂《婚姻法》 …… (112)
　八、学会《治安管理处罚法》和《刑法》 …… (113)
　九、懂《工会法》 …… (114)
　十、懂劳动权益法律法规 …… (115)
第二节 提高职业农民的法制意识 …… (116)

一、加强对农民的普法教育 …………………………（117）
　　二、提高农民的法律意识 ……………………………（118）
　　三、培养农民的法律习惯 ……………………………（118）

第七章　提高新型职业农民科技创新意识 …………（120）
　第一节　推广农业科技 …………………………………（120）
　　一、农业技术推广的方针和原则 ……………………（120）
　　二、农业技术推广体系 ………………………………（122）
　　三、农业技术的推广与应用 …………………………（122）
　第二节　发展现代农业 …………………………………（124）
　　一、农业现代化是整个国民经济现代化的安全
　　　　基石 ………………………………………………（125）
　　二、农业现代化是繁荣农村经济的必由之路 ………（126）
　　三、农业现代化是"四化同步"发展基础和必然
　　　　要求 ………………………………………………（127）
　　四、农业现代化是推进城乡一体化发展的重要
　　　　途径 ………………………………………………（129）
　　五、农业现代化是农业、农村可持续发展的根本
　　　　保障 ………………………………………………（130）
　第三节　树立创新意识 …………………………………（130）
　　一、创新的基础 ………………………………………（130）
　　二、农业科技特派员的主要职责 ……………………（132）
　第四节　新型职业农民的创业 …………………………（133）
　　一、抢抓农业创业的机遇 ……………………………（133）
　　二、确定农业创业项目 ………………………………（134）
　　三、制定创业计划 ……………………………………（136）
　　四、实施创业计划 ……………………………………（138）

第八章　提高职业农民经营管理的能力 ……………（141）
　第一节　获取农产品信息 ………………………………（141）
　第二节　学会市场营销管理 ……………………………（142）

一、农产品产销组织的类型与作用 ………………… (142)
　　二、农产品营销的价格策略 ………………………… (146)
　第三节　学会家庭农场经营管理 ……………………… (151)
　　一、土地有序流转才能有稳定发展 ………………… (151)
　　二、量力而行确定生产规模 ………………………… (152)
　　三、懂技术还要善经营会管理 ……………………… (152)
　　四、认证登记与做好生产记录 ……………………… (153)
　　五、合适的市场与对路的产品 ……………………… (153)
　　六、生产过程需要分工合作 ………………………… (154)
　　七、农户家庭的理财方法 …………………………… (155)
　　八、确立正确的理财准则 …………………………… (156)
　　九、精心打理自己的家产 …………………………… (156)

第九章　提高新型职业农民的品牌意识 ……………… (158)
　第一节　无公害农产品 ………………………………… (158)
　　一、无公害农产品的概念与特征 …………………… (158)
　　二、无公害农产品施用农药的规定 ………………… (159)
　　三、无公害农产品的认证与管理 …………………… (164)
　第二节　绿色农产品 …………………………………… (172)
　　一、绿色农产品的概念 ……………………………… (172)
　　二、绿色农产品必须符合的条件 …………………… (173)
　　三、绿色农产品分级 ………………………………… (173)
　　四、申请使用绿色农产品标志的食品种类 ………… (174)
　　五、绿色食品的认证 ………………………………… (175)
　第三节　有机农产品 …………………………………… (179)
　　一、有机农产品概述 ………………………………… (179)
　　二、有机农产品需要符合的条件 …………………… (180)
　　三、有机食品认证 …………………………………… (180)
　第四节　农产品地理标志登记 ………………………… (187)
　　一、农产品地理标志保护概述 ……………………… (187)

二、基本要求 …………………………………………（191）
　三、登记管理 …………………………………………（192）
　四、标志使用 …………………………………………（192）
 第五节　农业品牌的建设 ………………………………（193）
　一、名牌农产品认定 …………………………………（193）
　二、ISO 9000、HACCP 和 GAP 认证 ………………（196）
　三、品牌建设 …………………………………………（197）
　四、注册商标是培育品牌最简便易行的做法 ………（199）

第十章　新型职业农民综合知识 ……………………（201）
 第一节　现代农业的概念、特征 ………………………（201）
　一、现代农业的概念 …………………………………（201）
　二、现代农业的特征 …………………………………（202）
 第二节　家庭经营是新型农业经营体系的主体 ……（204）
　一、家庭联产承包的产生 ……………………………（204）
　二、家庭承包制的历史功绩 …………………………（206）
 第三节　发展多种形式规模的经营体系 ………………（207）
　一、产业布局的规模化 ………………………………（208）
　二、产业链条的规模化 ………………………………（209）
　三、组织的规模化 ……………………………………（210）
　四、服务的规模化 ……………………………………（211）
　五、适合工厂化生产的种养业规模化 ………………（212）
 第四节　发展农民合作社 ………………………………（213）
　一、为什么要发展农民专业合作社 …………………（213）
　二、建立农民专业合作社是当前农村经营体制的
　　　迫切需求 …………………………………………（214）
　三、农民专业合作社登记管理条例对设立登记制
　　　的规定 ……………………………………………（216）
 第五节　土地经营权的使用 ……………………………（218）
　一、土地家庭承包的程序 ……………………………（218）

二、土地家庭承包经营权的期限 …………………… (218)

三、承包期内不得收回承包地的规定 ………………… (218)

四、承包期内不得调整承包地的规定 ………………… (219)

五、家庭承包经营权的继承 …………………………… (220)

六、土地家庭承包经营权的流转 ……………………… (220)

七、其他方式的承包 …………………………………… (223)

附录一 开展农村土地承包经营权抵押贷款试点的通知 ……………………………………………… (225)

附录二 农业部关于促进家庭农场发展的指导意见 … (234)

附录三 中国人民银行关于做好家庭农场等新型农业经营主体金融服务的指导意见 ………………… (238)

第一章 新型职业农民的概述

第一节 什么是新型职业农民

党的"十八大"报告指出,解决好农业农村农民问题是全党工作重中之重,要坚持工业反哺农业、城市支持农村和多予少取放活方针,加大强农惠农富农政策力度,让广大农民平等参与现代化进程、共同分享现代化成果。2014中央"一号文件"提出,要加大对新型职业农民和新型农业经营主体领办人的教育培训力度。近几年来,对职业农民的培育越来越受到社会各界的重视,农业部更提出了三年内培养100万职业农民的目标。

一、职业农民的出现

长期以来,我国实行二元结构户籍制度,出现了"农业户口"与"非农业户口"这种户籍制度,农业户口就成了农民身份的标志,即便你在外从事非农业工作数十年只要身份没有变更,社会仍然会认为你是农民。所以,户口成为界定农民与非农民的不可逾越的铁丝网。如今,随着农业产业化和新型城镇化的不断推进,农民这个词的含义也开始发生了变化。农民已经不再是身份的标志,而逐渐成为农业产业从业人员的一种类别,即一种职业。什么是职业农民?

职业农民是指具有科学文化素质、掌握现代农业生产技能、具备一定经营管理能力,以农业生产、经营或服务作为主要职业,以农业收入作为主要生活来源,居住在农村或集镇的农业从业人员。

农业是一种最古老的职业,它是早期人类社会生存的基本职业之一。人类存活就必须需要食物,光狩猎是无法满足生存需要的,因此人类发展很大程度上是由农业这个古老的职业来决定的。自从人类进入了阶级社会以后,随着职业分工和等级制度实施,特别是进入了工业化发展之后,农民的地位随着农业产业比重的下降不那么重要了,社会地位也不那么受人重视了,人们的观念中轻农的意识越来越普遍了。这些不正确的认识和观念,在我们国家由于二元结构的户籍制度而更加严重。

改革开放30多年来,中国经济最大的变化之一就是农业、农村的变化,种地的职业化要求越来越明显。联产承包责任制极大地激发了农民的生产热情,改变了中国农业面貌。但是,由于家庭经营土地规模狭小,农业的效益越来越难以养活数以亿计的农民,大量的农民转移到城市,一部分土地向种田大户集中,目前又开始向合作社集中。城市市场的需求对农业的影响也越来越大,地越来越不好种,很多农民辛辛苦苦一年下来,那点收入还抵不了生产的投入。所以,传统的那种面朝黄土背朝天的辛苦付出不行了,手上的老茧已经拼不过嘴上的名词了。这说明,中国的农民也真正到了职业化的转变阶段。职业农民,或者说职业的种地人群体呼之欲出。

二、职业农民与传统农民的最大区别

我们认为,最大的区别在于传统的农民种地只知道如何把地种好,而今天的农民不能仅仅是把地种好,最重要的是把地里的产品卖好,求得一个好收成。按照收成的需求种地,是职业农民最重要的专业素养。这也就是为什么现在很多农民感叹自己突然不会种地的道理。所以,传统农民向专业农民转变必须做到从面向黄土到面向市场。

面向市场的转变,对传统的农民来说可能是非常困难的,因为,从整体情况看,农民对市场的不适应还非常的明显。

三、新型职业农民的分类

(一)生产经营型职业农民

生产经营型职业农民是指以农业为职业、占有一定的资源、具有一定的专业技能、有一定的资金投入能力、收入主要来自农业的农业劳动力,主要是专业大户、家庭农场主、农民合作社带头人等。

(二)专业技能型职业农民

专业技能型职业农民是指在农民合作社、家庭农场、专业大户、农业企业等新型生产经营主体中较为稳定地从事农业劳动作业,并以此为主要收入来源,具有一定专业技能的农业劳动力,主要是农业工人、农业雇员等。

(三)社会服务型职业农民

社会服务型职业农民是指在社会化服务组织中或个体直接从事农业产前、产中、产后服务,并以此为主要收入来源,具有相应服务能力的农业社会化服务人员,主要是农村信息员、农村经纪人、农机服务人员、统防统治植保员、村级动物防疫员等农业社会化服务人员。

四、新型职业农民的基本特征

2012年,全国现代农业建设现场交流会上对新型职业农民的基本特征作了概括性描述,主要有以下几个方面。

1. 以农业为职业

新型职业农民必须是以农为业、以农为主、以农为本、以农为根,全职务农,把务农作为终身职业。

2. 占有一定的资源

新型职业农民必须是通过山林、土地的流转实行适度规模经营,具有一定领导、协调、联络、沟通能力和团队合作能力的农业专业经营者。

3. 具有一定的专业技能

新型职业农民必须是具有一项(类)以上较高的农业专业技术实践操作能力和一定的农业专业理论水平,取得农民专业资格证书和培训技术证书的农业专业经营者。

4. 具有一定的资金投入能力

新型职业农民必须有一定的资金积累和发展再生产的能力,具有投资发展现代农业的热情和理念,不是完全靠政府补助和贷款维持经营的农业专业经营者。

5. 收入主要来自农业

新型职业农民具备较大经营规模,农民本人或家庭收入的80%以上来自农业产业。

以上5个方面的特征是新型职业农民必须同时具有的,它们相互依存、有机融合,构成了新型职业农民的基本框架。

第二节　新型职业农民的认定

一、认定原则

坚持政府主导、农民自愿、公开公平公正、属地动态管理的原则。生产经营型,以县级为主认定;专业技能型和社会服务型,主要开展农业职业技能鉴定。由中央、省、州市组织培训的农民在从业地申请认定。由县级以上(含县级)人民政府发布认定管理办法,由县区农业局组织审核认定。充分尊重农民意愿,不得强制和限制符合条件的农民参加认定。要建立新型职业农民退出机制,对已不再符合条件的,应按规定及程序予以退出,并不再享受相关扶持政策。

二、认定条件和标准

一是以农业为职业,主要从职业道德、农业劳动时间和主要收入来源等方面考虑;二是教育培训情况,接受过农业系统培训、农业职业技能鉴定或中等及以上农科教育作为基本认定条件;三是生产经营规模,以家庭成员为主要劳动力且不低于外出务工收入水平确定生产经营规模,并与当地扶持新型生产经营主体确定的生产经营规模相衔接。各县区制定详细的认定标准。

三、认定程序

由本人提出申请,报县区农业局审核、县区新型职业农民培育工作领导小组认定。经认定为职业农民的从业者,由当地县级政府颁发《新型职业农民证书》,全程管理、建档立册、计算机管理。

第三节 塑造新型职业农民的必要性

建设社会主义新农村,农民素质是关键。建设社会主义新农村是一项长期、艰巨、复杂的重大历史任务,是一个与现代化建设同步的过程。我国将长期处于社会主义初级阶段的基本国情,决定了新农村建设需要经过几十年、有些地方甚至需要上百年的艰苦努力。中央提出的新农村建设5句话20个字的总要求:"生产发展、生活宽裕、乡风文明、村容整洁、管理民主",涵盖了农村经济、政治、文化和社会的方方面面。其中,最根本也是最紧迫的任务,是提高农民的整体素质。

一、农民素质与新农村建设目标存在较大差距

经过多年的改革与发展,我国广大农村经济社会有了巨大进步,与自身相比,农民的素质有了很大提高。但是,我们也要清醒地看到,随着工业化、城镇化、市场化进程的不断加快,农业农村发展面临许多新情况、新问题,突出的表现就是"农村空心化、农业兼业化、农民兼职化"趋势日益明显,广大农民的素质无论是与形势发展需要,与现代农业发展需要,还是与新农村建设的需求相比都存在较大差距。其原因为:①农民文化水平不高。②农民科技生产水平偏低,在一定程度上阻碍了农业生产水平的提高。③农民职业技能水平较低。④农民思想观念趋于陈旧。

二、农民素质不高阻碍了新农村建设步伐

农民素质不高,不仅严重制约了农村经济的发展,制约了农民收入的增加,而且阻碍了新农村建设的进程。制约了农村劳动者向二、三产业的转移,制约了农村产业结构调整的步伐。使他们不能很好地接受和掌握新技术,制约了农业劳动生产率的大幅度提高。在科学技术迅猛发展、信息化潮流汹涌澎湃、知识经济已初露端倪的今天,科学技术已成为推动经济增长的主要推动力。但是,科技的研究开发和掌握应用均离不开具有高素质的劳动者。给他们在接受新观念、获取信息、提高技能、参与市场竞争等方面带来极大障碍,使之难以冲破传统农业和小农意识的束缚。阻碍了农民收入的增加。

第四节 塑造新型职业农民的现实意义

一、塑造新型职业农民是推进社会主义新农村建设的必要前提

农民是社会主义新农村建设的主体,农民素质的高低直接决定着新农村建设的成效。培养新型职业农民,提高农民的整体素质,是解决"三农"问题的治本之策。没有一大批"有文化、懂技术、会经营"的新型职业农民,要实现社会主义新农村建设的宏伟目标将会是一句空话。要把建设社会主义新农村的美好愿景变成现实,就必须对农民进行素质教育,着力培育现代新型职业农民。这是社会主义新农村建设最本质、最核心的内容。

二、塑造新型职业农民是发展现代农业的重要保证

历史唯物主义认为,人民群众是生产力中最活跃、最革命的因素,创造了社会的物质财富和精神财富。发展现代农业,提高农业综合生产能力实质上就是解放和发展农村的生产力,因此必须发挥农民——生产力中最活跃的因素的主力军作用。发展现代农业必须依靠科学技术,但更离不开人才的支撑。广大农民不仅是农业生产的直接参与者,也是农业科技成果转化的重要载体。大量的农业科技成果最终要被农民所掌握,才能转化成为现实的生产力。因而,培育大批"有文化、懂技术、会经营"的新型职业农民是发展现代农业的重要保证。

三、塑造新型职业农民是实现城乡一体化的必然要求

培育新型职业农民,全面提高农民素质,包括文化素质、科技素质、人文素质,可以加快转移农村富余劳动力、推进工业化和城镇化、将人口压力转化为人力资源优势;不断增强农业可持续发展能力,切实提高农民收入,促进农村经济快速增长,进一步解放和发展农村生产力。在这过程中,随着生产力的发展,城乡居民的生产方式、生活方式和居住方式不断变化,城乡人口、技术、资本、资源等要素相互融合,互为资源,互为市场,互相服务,逐步达到城乡之间在经济、社会、文化、生态上协调发展,融为一体。

四、塑造新型职业农民是实现乡风文明的重要途径

建设社会主义新农村,既要加强农村物质文明建设,又要加

强农村精神文明建设。要塑造文明乡风,就需要大力提高农民的综合素质。目前,我国社会正在面临一场前所未有的深刻变革,这必然会使农民的思想观念、价值取向等方面发生变化。在现实生活中,有的农民缺乏远大理想,产生了拜金主义、享乐主义;有的农民只讲权利不讲义务,只讲索取不讲奉献;有的农民对美与丑、善与恶、科学与伪科学的判断标准模糊;有的农民政策观念、法制观念淡薄。这些对构建农村和谐社会是非常不利的。培育新型职业农民,可以使农民树立和践行社会主义荣辱观,自觉抵制不良思想的侵蚀,养成健康文明的生活习惯,不断增强环保意识、卫生意识和法制意识,为社会主义新农村建设营造文明乡风。

第五节 做学习型的新型职业农民

农民是新农村建设的主体,在建设新农村过程中,把塑造新型职业农民作为主要任务,正是贯彻和落实科学发展观的核心——以人为本的根本要求,重视农民、尊重农民,充分调动农民建设新农村的积极性、主动性和创造性,"充分发挥广大农民群众的主体作用,是建设社会主义新农村成败的关键"。

以人为本的"人"是指全体中国人民,包括8亿农民。农民是农村的主体,是农业的主人,从一定程度上说,农业、农村问题都是农民的问题。因此,在建设社会主义新农村的实践中,必须坚持以农民为本的价值取向,一切为了农民,依靠农民,塑造农民。

为了农民,就是把不断改善农民的生存和发展条件作为建设新农村的出发点和落脚点。当前,我们正在着力解决一系列关系农民切身利益的问题:一是从农民的根本利益出发谋发展、促发展,千方百计增加农民收入,使农民生活宽裕。为此,要建立农民增收的长效机制,广开农民增收渠道,充分挖掘农业内部的增收潜力,尽力拓展农业外部的增收途径。从近些年中央几个一号文件可以看出,中央始终把增加农民收入作为主题,按照"多予、少取、放活"的方针,制定了一系列补农、扶农、惠农、富农的政策。二是积极引导农村富余劳动力转移,维护农民工的合法权益。几亿农村人口转入非农产业和城镇就业,生产方式和生活方式发生历史性变革,是一个重大战略问题。改革开放以来,我国农村富余劳动力转移规模越来越大,速度越来越快,外部环境也日益宽松。2006年3月国务院发布了《关于解决农民工问题的若干意见》,这对于切实保障农民工的合法权益,进一步改善农民工的就业环境,引导农村富余劳动力合理有序转移,推动新农村建设和中国特色的工业化、城镇化健康发展,具有重大意义。三是切实保障农民的经济、政治和文化权益,尊重农民的人权。必须全面改善城乡之间的资源分配关系,改变不合理的城乡交换关系,缩小农民与其他社会阶层之间在地位、权利、收入和能力等方面不断拉大的差距。这些年,中央大力推进体制改革,努力消除体制性障碍,坚决纠正土地征用中侵害农民利益的问题、拖欠和克扣农民工工资的问题,促进了农业农村发展,维护和保障农民权益。我们还要全面深化以农村税费改革为重点的综合改革,推进乡镇机构和管理体制改革、农村义务教育体制改革、县乡财政体制改革、农村金融体制改革和土地征用制度改革等。四是统筹城乡发展,逐步缩小城乡差距,切实改善广大农村和农民的生产、生活条件和整体面貌。要确立农村与城市生活等值的理念,逐渐消除城乡之间在生活质量上的差异,使农民在劳动强度、工作条件、就业机会、收入水平、居住环境等方面与城市居民等值,有效地保证留在农村的人口安居农村,建设农村。为此,要大力推进户籍制度、就业制度、社会保障制度、医疗卫生制度等改革,逐步建立城乡统一的制度体系。还要建立城乡之间资源和人才互动的机制,促进城乡一体化发展。

依靠农民,就是要让农民成为新农村建设的主体,尊重农民的首创精神,激发农民的创业激情。2006年中央一号文件强调农民是建设社会主义新农村的主体,必须充分尊重农民的意愿,依靠农民的辛勤劳动,让农民自己选择符合本地实际的发展模式,参与实施方案的制定和操作,主动出资出力,自觉投入新农村建设。这充分反映了国内外农村建设的历史经验。如被欧盟当做现代化农村建设标本的德国巴伐利亚州,一条成功经验就是依靠村民的积极参与进行乡村变革。再如韩国新村运动的成功也是由于农民积极、广泛地参与了新村建设。我国农村在20世纪80年代中期曾经出现的良好局面,也是打破人民公社体制解放农民和发挥农民积极性的结果。而近些年来我们虽然把解决"三农"问题作为党和政府工作的重中之重,但没有根本改观。其深层原因就是没有真正启动农民的主体力量。我国半个多世纪的农村建设经验也表明,农民参与的程度和积极性、主动性、创造性发挥的程度是决定农村建设成败的关键。

依靠农民建设新农村,需要从多方面着手。

一是相信农民,尊重农民的利益要求。我国新农村建设中要相信农民,破除那些"不放心"农民的观念、做法。要尊重农民的创业精神,革除那些束缚农民创业的体制弊端,营造鼓励农民干事业、帮助农民干成事业的社会氛围,激发农民自主创业的潜能。同时,要重视利益机制导向的作用,破除那些限制农民的合法权利和积极性的体制障碍。只有把相信农民和尊重农民利益结合起来,才能收到更好的效果。如德国制定了保护农民权益的政策、法规和法律,采取了很多保护农民利益的措施,从而充分调动了农民积极性。韩国政府一方面倡导"勤劳、自助、合作"的精神,培养农民自发、自助、协同的主体意识;另一方面大力发展与农民生活息息相关的项目,改善生活的作用立竿见影,从而调动了农民的积极性和创造性,进而使新村运动最终转变为"民间主导型"的群众运动,使新村运动具有持续发展的生命力。

二是充分发挥农民组织的作用。小农经济与市场经济存在着深刻的矛盾,主要表现为小农的财产分散占有方式与市场经济集中配置资源的矛盾、小农自给自足的消费方式与市场经济要求的普遍交换关系的矛盾、小农的小规模生产方式与市场经济大量、低成本原料供应的矛盾。这些矛盾会导致农业的凋敝、农民的破产和农村的衰落。因此,必须让农民组织起来,使他们通过合作经济组织更好地更大地发挥作用。发达国家的农民组织在推广农业科技、引进先进农业技术、培训农民技能、维护农民权益等方面发挥了不可替代的作用。无论是美国、加拿大的"大农"(家庭农场),还是欧洲和亚洲一些国家的"小农"(农户),都是通过建立合作组织来改变经营地位和环境的。目前我国合作经济组织发展缓慢,这是影响我国农民充分发挥作用和农村经济社会发展的一个重要原因。

三是要完善农村管理民主。村民自治是广大农民直接行使民主权利,依法办理自己的事情,实行自我管理、自我教育、自我服务的一项基本制度。民主选举、民主决策、民主管理和民主监督是村民自治的主要内容。确保农民群众知情权、决策权、参与权和监督权是农民真正拥有民主权利的关键。完善农村管理民主是改善干群关系、促进农村党风廉政建设、推动农村全面发展、建设社会主义和谐社会的需要。在社会主义新农村建设中,农村管理民主的核心是坚持党的领导、农民当家做主和依法办事的有机结合。

塑造农民,就是以实现农民的全面发展为目标,开发农民的潜能,提高农民的素质,促进农民从传统人向现代人转变。现代化的实质是化传统的结构、体制、观念和人,核心是化传统的农业农村结构、体制和农民的传统观念做法。我国是农民人口众多的农业大国,现代化程度还不太高,化"农"特别是造就新型职业农民是我国现代化建设的难题,我们面临的历史任务十分艰巨。塑造新型职业农民,是我国建设社会主义新农村的显著特点,也是建设社会主义新农村的落脚点。塑造新型职业农民也是一项系统工程,需要长期努力。

当务之急的任务:一是加强对农村劳动力的职业技能培训,解决农村富余劳动力的就业问题。就业是民生之本,农村土地能够容纳的劳动力是有限的,大量的劳动力需要转移出去。这样才能提高农业生产率,增加农村农民和进城农民的收入。实际情况表明,农民务工能力和收入水平与他们的文化程度和技能一般成正比关系。据有关资料统计,我国92%的文盲、半文盲在农村。目前,在农村的4.8亿劳动力中,小学文化以下的占40%,初中文化占48%,高中文化占12%;受过职业技术培训的农民不足5%,受过技能培训的仅为1%。农民由于文化程度和技能低下,进城找工作或者找收入较高的工作困难,而城市有些工作找不到合适的劳动者。因此,发展农村职业技术教育,实施农民培训工程,提高农村劳动力综合素质,是解决农村劳动力转移就业和增加农民收入的治本之策。

二是培育农民的商品意识和创业意识。我国农村长期处在自然经济、半自然经济状态,小农经济的经营方式占统治地位,这种状态与社会化大生产和市场经济发展的要求不相适应,是影响农村发展的根本原因。我国正在建设社会主义市场经济体制,国民的市场经济意识普遍提高,但绝大多数农民的市场经济意识相对而言还很淡薄,经营管理和应对市场经济风险的能力还很低,在市场经济发展的条件下还有许多不适应。因此,要采取一切有效措施,造就一代有文化、懂技术、会经营的适应市场经济发展要求的新型职业农民。

三是要全面提高农民的科技文化素质、思想道德素质和健康素质,从根本上改变农民传统的生产方式、生活方式、交往方式、价值观念和精神面貌。这就要求加强农村精神文明建设,加快普及农村义务教育,广泛开展多层次、多形式的技能培训,建立健全农村医疗卫生体系和新型合作医疗制度,使广大农民走向富裕、迈向文明。这是国家实现现代化的根本大计,关系到国家的兴旺发达。

第六节 做合格的职业农民

做一个合格的新型职业农民应具备的基本素质如下。

一、要有新观念

新观念指主体观念、开拓创新观念、法律观念、诚信观念等。

二、要有新素质

新素质指科技素质、文化素质、道德素质、心理素质、身体素质等。

三、要有新能力

新能力指发展农业产业化能力、农村工业化能力、合作组织能力、特色农业能力等。

第二章 新型职业农民的培育

2012年8月,农业部办公厅印发《新型职业农民培育试点工作方案》,我国开展了新型职业农民培育试点工作。一是探索构建一套制度体系,包括教育培训制度、认定管理制度和扶持政策体系。二是培养认定一批新型职业农民。三是建立一套信息管理系统。2013年出台《农业部办公厅关于新型职业农民培育试点工作的指导意见》,全国有100个试点县开展工作。2014年出台《农业部办公厅、财政部办公厅关于做好2014年农民培训工作的通知》,全国有3个整省(垦区)和14个整市示范推进,示范县扩大到300个,同时全面实施新型职业农民培育工程。培训、认定和扶持"三位一体"培育新型职业农民。可以直接认定(对于标准和条件成熟的);也可以先培训,然后根据发展进行认定(与标准有一定差距),这将是主要途径;也可以边培训边认定。

农业部组织实施新型职业农民培育工程,中央财政安排专项资金,开展新型职业农民培育。培训项目逐级下达到县区,各县区成立有农业、财政、发展改革、教育、人力资源和社会保障、金融、保险等部门参加的新型职业农民培育试点工作领导小组,设立办公室在农业部门,加强组织领导、计划指导、政策协调、模式总结、方案制定、项目监管、宣传表彰。

第一节 培育新型职业农民的必要性

发展现代农业的根本出路在科技,关键在人才,最基础的就是要培育有科技素质、职业技能与经营能力的新型职业农民。但是,近几年随着我国经济的迅猛发展,工业化、城镇化的快速推进,越来越多的具有一定素质的农村青壮年劳动力逐渐从农业生产中转移到第二、三产业中。务农劳动力素质低、年龄大的趋势越来越明显,妇女、老人成为务农劳动力的主流,一些地区出现农村空心化,农村劳动力存在素质低、老龄化和农业兼业化问题。这些问题的出现已威胁到我国农业基础的稳固和国家粮食的安全。将来"谁来种地"已经成为现代农业发展中最棘手的问题,借鉴国外培育农业后继者的经验,加快培育新型职业农民刻不容缓。2012年中央"一号文件"明确提出"培育新型职业农民",2015年中央"一号文件"又进一步提出创新农业生产经营机制,确立培育新型职业农民作为推进现代农业建设的核心和基础地位。培育新型职业农民,是城镇化加速推进背景下农民分业分化的必然趋势,也是推动我国农业现代化从初步实现到基本实现的基础和必要条件。

一、培育新型职业农民是推进农业现代化的必然要求

中央提出大力培育新型职业农民,这是立足我国农村劳动力结构的新变化、着眼现代农业发展的新形势,是对农民教育培训工作提出的新要求,是中央科学把握现代农业发展规律、推进"四化"同步发展的重大部署。

经过30多年的改革发展,我国农业已推进到一个新的阶段,总体上进入了加快改造传统农业、走中国特色农业现代化道路的关键时刻。现代农业的显著特点是在市场经济条件下,通过专业化分工、社会化合作、商品化生产,进行集约生产、规模经营,以获取高效益。这就迫切要求农民素质尽快进行转型升级,通过培育使之成为具有现代市场经济意识、掌握科学文化知识、具备经营管理能力的新主体。我国改革开放30多年来,特别是从20世纪90年代以来,从培训农民到培训农民技术骨干,从培

养新型职业农民到培育新型职业农民,农民教育培训工作随着农业农村发展的阶段性要求而不断深入,与时俱进。

目前,我国发展现代农业面临着粮食需求刚性增长,农业生产成本刚性上升,土地、水等农业生产资源刚性约束的巨大压力和挑战。同时,大量先进农业科学技术、高效率农业设备、现代经营管理理念越来越多地被引进到农业生产经营各个领域。这就要求我们加快转变农业发展方式,切实将农业发展转到依靠科技进步和提高劳动者素质上来。相对土地、资本和技术等要素,劳动者在农业生产中起着主导作用。职业化的农民具有良好的科学文化素质,掌握较高的科学种养技术和经营管理能力,对农业新品种、新技术的接受能力强,能加快农业新技术在农村的推广和应用。在建设社会主义新农村的过程中,推进现代农业建设的主体是新型职业农民,如果没有一支能够胜任建设现代农业的称职合格的现代职业农民队伍,就很难实现由传统农业向现代农业的根本转变。

二、培育新型职业农民是解决将来"谁来种地"的问题

随着城镇化、工业化的不断推进,农村青壮年农民持续大量流出,大量的农村劳动力转移到二三产业,在家务农的基本上是中老年人,致使农村土地发生抛荒现象,农业劳动力出现危机。据统计,我国农民工数量已达到2.5亿人,并且正在以每年900万~1 000万人的速度递增,农业劳动力,尤其是高素质的青壮年农业劳动力急剧减少。根据中国农业大学课题组的调查,四川、河北和山东等地农业劳动力中60岁以上的老年人占63.05%。目前,浙江每年有1 800万进出的农民工,出省的有500多万人,进省的有近1 300万人,大量农村青壮年劳动力转移到非农就业,农村劳动力呈现出主要劳动力非农化,次要劳动力农业化的现象,留在农业战线、真正从事农业生产经营的多为老、弱、病、残者。据调查,浙江的农业劳动力文盲占7%,小学

文化程度占32.8%,初中文化程度占43.2%,高中文化程度占11.73%,中专程度占2.12%,平均受教育年限只有7.27年。务农农民中不仅受教育程度低,科技意识和科技素质也比较低,限制了一些农业科学技术的应用。再过10年左右,农业生产队伍青黄不接的现象将更加严重,农业从业队伍的更新换代迫切需要新型职业农民。农业劳动力后继乏人,成为制约未来农业健康发展的突出瓶颈。在此背景下,培育新型职业农民成为振兴农业、发展现代农业的重要基础。

三、培育新型职业农民是推进农业产业化发展的基础保障

现代农业是资本和技术密集型产业,是以市场为导向,以经济效益为中心,以主导产业、产品为重点,优化组合各种生产要素,实行区域化布局、专业化生产、规模化建设、系列化加工、社会化服务、企业化管理,形成种养加、产供销、贸工农、农工商、农科教一体化经营体系。

农业产业化生产的核心是专业化、协作化,同时要求高新技术被引进到农业生产中去,转化为现实的生产力,使农业的分工越来越精细,越来越科学,越来越专业,最终形成农业产业的专业化、标准化、规模化和集约化。实现这个过程的关键是科技创新和劳动者的素质,归根结底是要依靠掌握和使用先进科学技术、支撑农业产业发展的高素质的职业农民。农业生产要素投入以资本和科技投入为主,生产工具完全实现了机械化作业,投入产品科技含量高,这就要求农民具备足够的专业知识和专门技术。农业产业化导致了农业的分工分业,实践证明,当农业分工越来越细化时,各种与农业有关系的新兴职业就会不断涌现,经济越是发达的地区,农民的职业化程度就越高。如同现代工业的生产主体是产业工人一样,现代农业生产经营主体急需一大批职业农民。实现农民从身份性质向职业性质转变是农业社会化大生产中的一个重要环节。可以说,没有新型职业农民就不可能实现农业产业化。

四、培育新型职业农民是推进"四化"同步发展的重要举措

推进"四化"同步发展,但农业现代化明显滞后于工业化、城镇化、信息化,所以,更需要加快发展。新型职业农民的产生是工业化、城市化发展,农村剩余劳动力转移的必然结果。21世纪第9个中央一号文件继续聚焦"三农",突出强调要"依靠科技创新驱动引领支撑现代农业建设",并首次提出大力培育新型职业农民。这是中央统筹城乡、推进"四化"同步发展又一新的重大战略决策,标志着我国农民开始由身份型向职业型转变,也为当前和今后一个时期农民教育培训指明方向和目标。

农民始终是农业和农村的主体,是发展现代农业、建设新农村的承担者和推动者。从一定程度上说,农民的文化素质、技术水平和思想道德素质,直接决定着新农村建设和现代农业发展的成败。在新农村建设中,我国农业面临发展战略转型的历史使命,即实现从传统农业向现代农业的转变。现代农业的一个主要标志是广泛采用先进的经营方式、管理技术和管理手段,把产前组织、生产过程和产后服务有效地组织起来,形成比较完善的产业链条,这就要求现代农业的从业者必须"有文化、懂技术、会经营",与现代农业的规模化、集约化生产经营相适应,实现职业化。

当前,随着我国农村劳动力转移力度的加大,一些素质较高的农民以新型农机具为主要工具,以代耕、代播、代收、代经营等为主要服务内容,为分散的、劳动力外出务工的农户提供耕作服务,从而获取与从事非农领域工作相近或更高的收入,成为职业农民。另外,随着农业科技的大量推广运用,农业劳动生产率普遍提高,一大批农村富余劳动力逐步离开土地、农业,进入二三产业,转变为产业工人和市民,而继续从事农业的劳动者在农产品生产、加工、运输、销售和休闲观光农业等领域的分工分业更趋细化,实现岗位职业化、职能专业化,渐渐成为职业农民。实现工业化、城镇化、农业现代化同步发展必然要求培育规模大、素质高、结构合理的新型职业农民。

第二节 新型职业农民的培育机构、对象、组织

一、培训机构

各县区农业主管部门根据不同类别的培训任务,遵循公开、公正、公平的原则,在培训机构自愿申报的基础上,通过组织专家评审认定,择优确定培训机构,每个项目实施县承担任务的培训机构原则上不超过5家。要加强资源整合,充分发挥农业广播电视学校(农民科技教育培训中心)、基层农技推广机构、农民专业合作社和农业龙头企业等机构在农民培训中的作用。加强新型职业农民培育实训基地建设,将农民专业合作社和农业龙头企业产业基地、现代农业示范区、农业科技示范基地等重大农业项目实施场所作为重要的实训基地。

二、培训对象

从农业和优势产业发展的需求来确定培育对象,从类型上分:生产经营型选择专业大户、家庭农场主、农业庄园、农民合作社带头人、农业企业主作为培育对象;专业技能型选择长期、稳定受雇于新型农业经营主体的工人、雇员作为培育对象;社会服务型选择长期从事农业产前、产中、产后服务的农机服务人员、统防统治植保员、农村信息员、农村经纪人、土地仲裁员、测土配方施肥员等作为培育对象。凡项目县有"美丽乡村"创建的,每个村至少选5名新型职业农民作为培育对象。从现有身份上分:现有农民、返乡农民工、退伍军人、大学生农村创业者等为优选群体。原则上年龄不超过55岁,具有初中以上文化。

三、组织培训

严格按照农业部发布的《新型职业农民培训规范》中规定的培训内容、技能要求、学时分配、培训实施与考核评价等方面的要求开展培训。分级分类培训,对生产经营型开展全产业链技能培训,侧重生产管理与市场营销,累计培训时间不少于15天。对专业技能和社会服务型侧重于实际操作技能,累计培训时间不少于7天。制订培训计划。培训机构要根据农业主管部门下达的培训任务类别、专业和任务数量,精心编制培训计划,报农业主管部门审批后按计划实施,确保培训人数、培训时间、培训内容落到实处。培训机构要聘请熟悉"三农",具有丰富专业经验和实践经验的培训教师、专家,特别是经过知识更新培训的基层农业技术人员担任培训教师。选用规范教材,根据各地产业发展需要和培训规范,组织编写通俗易懂、针对性强的培训教材,免费发放给参训农民,确保每人一套。实行"分段式、重实训、参与式"培训模式,根据农业生产周期和农时季节分段安排课程,强化分类指导,对生产经营型、专业技能型和社会服务型分类分产业开展培训。注重实践技能操作,大力推行农民田间学校、送教下乡等培训模式,提高参与性、互动性和实践性。每期培训班结束时,培训机构组织参训农民进行考试。有条件的,鼓励进行现场技能测试。加强与相关农业行业职业技能鉴定部门的协调,鼓励和引导受训农民接受职业技能鉴定,增强执业就业能力。培训机构逐班次建立真实、完整和规范的培训档案,建立新型职业农民培训基本情况台账,主要包括姓名、性别、身份证编码、地址、联系电话、培训专业、培训期次、培训时间、考评状况、是否取得资格认定、就业情况等。实名制登记并录入农业部信息系统,在线跟踪监督,对项目实施县实行动态管理。

第三节　培育新型职业农民的途径和方法

培育新型职业农民是城乡一体化和现代农业发展的重大制度变革,是一项涉及政策、体制机制和发展环境等多因素,牵动多部门多行业的复杂的系统工程,将伴随着我国城镇化和农业现代化发展的全过程,要作为农村改革、现代农业发展的基础性工程、创新性工作,大抓特抓,坚持不懈。在推进思路上,要以家庭经营为基础,以切实保障农民利益为根本宗旨,以产业为导向,以城乡一体化发展为统领,以制度建设和素质提升为重点,不断强化政府责任、建立市场机制、营造培育环境。在推进策略上,要统筹兼顾,突出重点,试点先行,循序渐进地推进新型职业农民培育制度的构建。

一、大力推进新型城镇化进程

将农村劳动力有效地转移到城市是构建新型职业农民培育制度的基本前提。城乡一体化发展,一方面要将耕地流转给种养能手,适度扩大规模,提高农业效益,同时还要把解放出来的劳动力的出路问题解决好。推进新型城镇化,当务之急是彻底改变土地城镇化的"见物不见人"的模式,通过征地和户籍制度改革、城镇基础设施建设和保障房建设、社会保障和投融资管理机制完善等措施,切实解决转移农民的就业、住房、社会保障和子女教育等问题,将土地的城镇化与人的城镇化合二为一,使2亿多农民工尽快真正融入城市和城镇,成为真正意义上的市民,将农村留守妇女、老人和儿童逐步向城镇转移,为土地流转、规模经营和新型职业农民成长创造条件。

二、切实加强农民教育培训

培养教育是构建新型职业农民培育制度的核心和基础。新型职业农民的鲜明特征是高素质,培育新型职业农民必须教育先行,必须使培训常态化。在培养对象和目标上,要以"生产经营型"新型职业农民为重点,针对在岗务农农民、获证农民、农业后继者进行分类、分层、分产业开展。对在岗务农农民,要通过实行免费农科中等职业教育和农业系统培训,把具有一定文化基础和生产经营规模的骨干农民,加快培养成为具有新型职业农民能力素质要求的现代农业生产经营者;对获得新型职业农民证书(新型绿色证书)的农民要开展持续的经常性跟踪辅导培训;对农业后继者,要通过支持中高等农业职业院校定向培养农村有志青年,吸引农业院校特别是中高等农业职业院校毕业生回乡务农创业,为农村应届初高中毕业生、青壮年农民工和退役军人回乡务农创业提供免费全程培训等措施,培养爱农、懂农、务农的农业后继者。在培养方式上,要尊重农民的学习特点和规律,以方便农民、实惠农民为出发点,坚持教育和培训并重。要以"百万中专生计划"为主要抓手,大力推进"送教下乡"模式,建立"农学结合"弹性学制的农民学历教育制度;要以阳光工程为主要抓手,大力推进"农民田间学校"和"创业培训"模式,构建标准化、规范化、科学化的农民培训制度。在培养主体上,要下大力气构建以农业广播电视学校、农民科技教育培训中心等农民教育培训专门机构为主体,以农技推广、科研院所等为补充的新型职业农民教育培训体系;要大力推动"校校合作、校站合作",发挥农业中等职业学校、推广部门等的作用,充分整合教育资源;要大力推进空中课堂、固定课堂、流动课堂和田间课堂建设,建立农民教育培训导师团等制度,努力提高农民教育培养的能力、质量和水平。

三、探索建立新型职业农民认定管理制度

认定管理是对新型职业农民扶持、服务的基本依据,是构建新型职业农民培育制度的载体和平台。全国要制定统一的认定管理意见,建立"政府主导、农业部门负责、农广校等受委托机构承办"的体制机制,深度改造认定农民技术等级的"绿色证书",建立认定农民职业资格的"新型绿色证书"制度。各地要根据各地实际,充分考虑不同地域、不同产业、不同生产力发展水平等因素,根据农民从业年龄、能力素质、经营规模、产出效益等,科学设定认定条件和标准,研究制定具体的认定管理办法。各地政府要明确认定主体、认定责任和认定程序,明确农民教育专门机构在认定和服务上的主体地位、管理协调作用,加强建设和管理。对经过认定的新型职业农民建立信息档案,并向社会公开,定期考核评估,建立能进能出的动态管理机制。认定程序上可以先进行调查摸底,锁定目标进行重点培育,等培育成熟后再进行认定扶持;也可以高标准、严要求锁定目标进行直接认定,给予政策扶持。不管采取哪种方式,认定工作都要做好翔实的调查,因地制宜制定操作方案;要充分尊重农民意愿,特别是要确保获证与政策扶持相衔接,使农民得到实惠;要公开透明,主动接受社会监督,更不能以任何名义收费;要根据各地实际分产业、分层、分类循序渐进地推进,绝不能一哄而上、急于求成,绝不能搞形式主义、搞一刀切。

四、着力构建新型职业农民扶持政策体系

政策扶持是推动新型职业农民成长的基本动力,是构建新型职业农民培育制度的根本保障。政府要分产业、分层、分类制定扶持政策,要重点向从事粮食生产、有科技带动能力、生产经营型的新型职业农民倾斜。

在生产扶持上,要在稳定现有政策的基础上,将新增项目向新型职业农民倾斜。防止补贴向土地承包经营权的使用者转移,否则新型职业农民得不到实惠,起不到提高生产积极性的作用。要逐步将新增补贴从收入补贴向技术补贴、教育培训补贴转变,构建新型农业经营体系下的强农惠农富农政策的新体系。

在土地流转上,要在登记确权基础上,建立土地有效流转机制,引导土地向新型职业农民流转。

在金融信贷上,要持续增加农村信贷投入,建立担保基金,解决新型职业农民扩大生产经营规模的融资困难问题。

在农业保险上,要扩大新型职业农民的农业保险险种和覆盖面,并给予优惠。

在社会保障上,探索提高新型职业农民参加社会保险比例,提高养老、医疗等公共服务标准等。

在教育培训的政策支持上,要尽快对务农农民中等职业教育实行免学费和国家助学政策,深度改造阳光工程,确保全部用于新型职业农民教育培养,把农广校条件建设纳入国家基本建设项目,启动实施新型职业农民教育培养工程,把更多的农民培养成新型职业农民。

第三章　新型职业农民的扶持政策

第一节　扶持新型职业农民受到重视

培育新型职业农民是一项关系"三农"长远发展的基础性、长期性工作,政策扶持则是我国建立新型职业农民国家制度的核心内容,是培育新型职业农民的创新举措和根本保障,需要立足国情,面对现实,做好政策设计,循序渐进,逐步落实。

一、农业生产经营的扶持政策

(1)获得资格认证的生产经营性职业农民优先获得流转土地使用权,优先参加县级以上示范家庭农场、示范合作社、农业产业化龙头企业等评选奖励,优先获得政策扶持。

(2)合理流转农村土地,以新型职业农民为基础构建新型农业经营体系,创新"三农"工作体制机制。

(3)获得资格认证的新型职业农民在流转土地范围内,按照上年实际农业生产经营面积和县级以上(含县级)人民政府确定的补贴范围及标准,实行普惠制土地流转补贴政策,列入同级财政预算。产粮大县用于该项补贴的支出由中央和省级人民政府分摊后转移支付,中西部地区省级政府分摊比例递减直至全免。

(4)对规模经营的新型职业农民,经过批准直接用于农产品生产的设施用地,不再办理农用地转用审批手续,实行向农业行政主管部门备案制。

二、农业建设项目扶持政策

（1）新型职业农民申报的农村土地整理、高标准农田建设等项目，优先立项建设。

（2）优势农产品基地（含设施农业、蔬菜基地）、养殖小区（含大中型沼气）等项目向新型职业农民倾斜并优先立项。

（3）对各类涉农基础设施建设项目，在项目编制、申报源头上向新型职业农民生产区域或领办的新型农业经营主体倾斜；符合有关条件的自建项目优先向新型职业农民倾斜，各类建成项目优先供新型职业农民使用并承担管理养护义务。

（4）大力开展生态清洁型小流域建设，推进农村河道综合治理、小型农田水利建设，优先批准新型职业农民申报的项目，建成后及时验收、及时补贴到位。

（5）适应种养大户等新型农业经营主体规模化生产的需求，统筹建设晾晒场、农机棚等生产性公用设施，农村道路允许规模经营的农业生产道路合理连接贯通。

三、农业产业发展扶持政策

（1）新型职业农民从事种植、畜禽及水产养殖等相关生产用电，执行农业生产用电价格，优先办理所需用电服务。

（2）新型职业农民根据国家政策自主安排生产经营计划，自主申报，申报内容纳入新型职业农民资格动态管理范畴，经核定后的生产经营实际情况作为申报政府补贴的依据之一。

（3）对从事粮食生产的新型职业农民实行粮食生产补贴、良种补贴、农资综合补贴等涉及国家粮食安全的补贴项目全覆盖；农机补贴、农产品初加工设施补助等项目优先满足新型职业农民需要，大中型农机补贴向较大生产规模的新型职业农民等农业新型经营主体倾斜。

（4）新型职业农民享受获得无公害农产品、绿色食品、有机农产品、原产地、食品质量安全、注册商标、名牌农产品认证等政府定额补贴;建立规模经营的新型职业农民交售重要农产品与国家储备的粮食、棉花等收储企业直接挂钩制度,政府按照新型职业农民交售给国家收储的重要农产品数量进行奖励。

四、金融信贷扶持政策

(1)允许新型职业农民以土地承包经营权、林权、农村房产等用益物权进行抵押融资;推动有效期内的农业保险保单标的随承包土地面积内的农作物产量或养殖畜禽水产品数量估值,直接进行生产周期内流动资金抵押贷款。

(2)县域商业银行、村镇银行等涉农金融机构要优先满足新型职业农民及其兴办领办的新型农业经营主体的信贷需求。

(3)对新型职业农民直接用于粮食等重要农产品生产且不超过100万元、期限2年以内的贷款,实行财政贴息补贴。

(4)鼓励有条件的农民专业合作社成立资金互助社开展资金互助服务,通过与金融机构合作,为新型职业农民生产创业融资提供担保。

五、技术服务支撑扶持政策

(1)建立专兼职教师和专业技术人员与新型职业农民结对帮扶制度,完善以"包村联户"为主要形式的工作机制和"专家+农业技术人员+科技示范户+辐射带动户"的服务模式。

(2)建立新型职业农民免费继续教育制度。

(3)积极发展农业职业教育,将骨干务农农民的农科职业教育特别是中等职业教育,纳入国家职业教育免学费政策范围;扶持高等院校特别是中高等农业职业院校毕业生回乡务农创业,支持大学生村官带头创业。

(4)深入开展农民职业技能培训,突出务农技能这个核心内容,吸引更多的青壮年农民接受培训、提高技能,提高补助标准,逐步建立新型职业农民免费职业技能培训制度。

(5)加强农民教育培训体系建设,加大资源整合和经费投入力度。

此外,构建新型职业农民支持扶持政策体系还包括以减少面源污染和碳排放为主的农业生态环保项目扶持政策、以确保正常生产经营活动为主维护农民合法权益扶持政策、以城乡标准基本一致为主的基本社会保障政策、以改善生产生活条件为主的城乡公共资源均衡配置扶持政策、以防御自然灾害和市场风险并能维持农业再生产为主的农业保险扶持政策等。

第二节 国家重视新型职业农民的培养

近年来,国家对职业教育和农村工作的政策为农民职业教育创造了前所未有的机遇。《国务院关于大力推进职业教育改革与发展的决定》《国务院关于进一步加强农村教育工作的决定》《中共中央国务院关于推进社会主义新农村建设的若干意见》以及中央人才工作会议有关精神,特别是2004年和2005年连续两个中央一号文件,对开展农民职业教育技能培训工作、培养农村实用人才,提高农村劳动力素质作了重大部署,从国家层面推动农民职业教育的发展。同时,为贯彻国务院办公厅下发的《2003—2010年全国农民工培训规划》中的具体部署,农业部、财政部等6个部门从2004年起,共同组织实施农村劳动力转移培训阳光工程,旨在加快农村劳动力转移、提高农民就业能力、促进农民增收、增强我国产业竞争力。

经过多年努力,我国农民职业教育从绿色证书培训、实用技术培训、青年农民科技培训到乡村干部培训都得到了长足的发展,初步形成了以农业教育、科研、推广等部门为骨干,多部门相互配合、上下贯通、左右衔接的农民科技教育培训体系。目前,我国已建立和完善了以农业部农民科技教育培训中心为龙头,以各级农民科技教育培训中心为骨干,以高等或中等农业院校、科研院所和农业科技推广机构为依托,以企业或民间科技服务组织为补充,以县乡村农业推广服务体系和各类培训机构为基础的农民职业教育培训体系。各级各类科研和推广机构通过不同形式,积极参与农民科技培训工作,成为农民职业教育的重要载体。

此外,教育部和全国妇联还联合出台了《关于做好农村妇女职业教育和技能培训工作的意见》,要求地方各级教育行政部门和妇联组织整合资源,开展多层次、多渠道、多形式的农村妇女职业教育和技能培训,培养新型女农民。提出开展农村妇女中等职业教育、妇女大专学历教育,充分利用现代远程开放教育资源和现代信息技术手段,在实施教育部"一村一名大学生计划"中,加强对女状元、女能手、女经纪人等主要培养对象的妇女开展大专学历教育。着力开展农业新品种新技术培训与推广,培养一大批农村女科技带头人、农民专业合作社女领办人和农产品流通女经纪人;着力开展适合妇女就业的家政、社区公共服务等方面的转移就业培训,组织女能人、女科技带头人、有创业意愿和能力的返乡妇女等进行创业培训。

第三节 国家专项优惠政策

一、粮食直补政策

粮食直补,全称为粮食直接补贴,是为进一步促进粮食生产、保护粮食综合生产能力、调动农民种粮积极性和增加农民收入,国家财政按一定的补贴标准和粮食实际种植面积,对农户直接给予的补贴。从2010年起,补贴资金原则上要求发放到从事粮食生产的农民,具体由各省级人民政府根据实际情况确定。2011年,逐步加大对种粮农民直接补贴力度,粮食直补资金达

151亿元,将粮食直补与粮食播种面积、产量和交售商品粮数量挂钩。取消以前种多少报多少补多少的原则。各省根据中央粮食直补精神,针对当地实际情况,制定具体实施办法。

(一)补贴原则

坚持粮食直补向产粮大县、产粮大户倾斜的原则,省级政府依据当地粮食生产的实际情况,对种粮农民给予直接补贴。

(二)补贴范围与对象

粮食主产省、自治区必须在全省范围内实行对种粮农民(包括主产粮食的国有农场的种粮职工)直接补贴;其他省、自治区、直辖市也要比照粮食主产省、自治区的做法,对粮食主产县(市)的种粮农民(包括主产粮食的国有农场的种粮职工)实行直接补贴,具体实施范围由省级人民政府根据当地实际情况自行决定。

(三)补贴方式

对种粮农户的补贴方式,粮食主产省、自治区(指河北、内蒙古、辽宁、吉林、黑龙江、江苏、安徽、江西、山东、河南、湖北、湖南、四川,下同)原则上按种粮农户的实际种植面积补贴;如采取其他补贴方式,也要剔除不种粮因素,尽可能做到与种植面积接近。其他省、自治区、直辖市要结合当地实际,选择切实可行的补贴方式。具体补贴方式由省级人民政府根据当地实际情况确定。

(四)兑付方式

粮食直补资金的兑付方式,尽快实行"一卡通"或"一折通"的方式,向农户发放储蓄卡或储蓄存折。当年的粮食直补资金尽可能在播种后3个月内一次性全部兑付到农户,最迟要在9月底之前基本兑付完毕。

(五)监管措施

(1)粮食直补资金实行专户管理。直补资金通过省、市、县

（市）级财政部门在同级农业发展银行开设的粮食风险基金专户进行管理。各级财政部门要在粮食风险基金专户下单设粮食直补资金专账，对直补资金进行单独核算。县以下没有农业发展银行的，有关部门要在农村信用社等金融机构开设粮食直补资金专户。要确保粮食直补资金专户管理、封闭运行。

（2）粮食直补资金的兑付，要做到公开、公平、公正。每个农户的补贴面积、补贴标准、补贴金额都要张榜公布，接受群众的监督。

（3）粮食直补的有关资料，要分类归档，严格管理。

（4）坚持粮食省长负责制，积极稳妥地推进粮食直补工作。

二、农资综合补贴政策

农资综合补贴是指政府对农民购买农业生产资料（包括化肥、柴油、种子、农机）实行的一种直接补贴制度。在综合考虑了影响农民种粮成本、收益等变化因素后，通过农资综合补贴及各种补贴，来保证农民种粮收益的相对稳定，促进国家粮食安全。

建立和完善农资综合补贴动态调整制度，应根据化肥、柴油等农资价格变动，遵循"价补统筹、动态调整、只增不减"的原则，及时安排农资综合补贴资金，合理弥补种粮农民增加的农业生产资料成本。农资综合补贴动态调整机制从2009年开始实施。根据农资综合补贴动态调整机制要求，经国务院同意，从2009年起，中央财政为应对农资价格上涨而预留的新增农资综合补贴资金，不直接兑付到种粮农户，集中用于粮食基础能力建设，以加快改善农业生产条件，促进粮食生产稳步发展和农民持续增收。2011年，中央财政共安排农资综合补贴860亿元，新增部分重点支持种粮大户。2011年1月，中央财政已将98%的资金预拨到地方，力争在春耕前通过"一卡通"或"一折通"直接兑付到农民手中。

（一）补贴原则

应根据化肥、柴油等农资价格变动,遵循"价补统筹、动态调整、只增不减"的原则,及时安排农资综合补贴资金,合理弥补种粮农民增加的农业生产资料成本。

（二）补贴重点

新增部分重点支持种粮大户。

（三）新增补贴资金的分配和使用

（1）中央财政对各省（区、市）按因素法测算分配新增补贴资金。分配因素以各省（区、市）粮食播种面积、产量、商品等粮食生产方面的因素为主,体现对粮食主产区的支持,同时考虑财力状况,给中西部地区适当照顾。

（2）中央财政分配到省（区、市）的新增补贴资金由各省级人民政府包干使用。省级人民政府要根据中央补助额度,统筹本省财力,科学规划。坚决防止出现项目过多、规划过大、资金不足而影响实施效果等问题。

（3）省级人民政府要统筹集中使用补助资金,支持事项的选择权和资金分配权不得层层下放,以防止扩大使用范围、资金安排"撒胡椒面"等问题的发生,确保资金使用安全、高效。

（四）兑付方式

农资综合补贴资金的兑付,尽快实行"一卡通"或"一折通"的方式,向农户发放储蓄卡或储蓄存折。

（五）监管措施

（1）农资综合补贴资金类似粮食直补资金,实行专户管理。补贴资金通过省、市、县（市）级财政部门在同级农业发展银行开设的粮食风险基金专户进行管理。各级财政部门要在粮食风险基金专户下单设农资综合补贴资金专账,对补贴资金进行单独核算。县以下没有农业发展银行的,有关部门要在农村信用社等金融机构开设农资综合补贴资金专户。要确保农资综合补贴资金专户管理、封闭运行。

（2）农资综合补贴资金的兑付，要做到公开、公平、公正。每个农户的补贴面积、补贴标准、补贴金额都要张榜公布，接受群众的监督。

（3）农资综合补贴的有关资料，要分类归档，严格管理。

（4）坚持农资综合补贴省长负责制，积极稳妥地推进工作。

三、农作物良种补贴政策

所谓农作物良种补贴，就是指对一地区优势区域内种植主要优质粮食作物的农户，根据品种给予一定的资金补贴，目的是支持农民积极使用优良作物种子，提高良种覆盖率，增加主要农产品特别是粮食的产量，改善产品品质，推进农业区域化布局。

2011年，良种补贴规模进一步扩大，部分品种补贴标准进一步提高；中央财政安排良种补贴220亿元，比上年增加16亿元。

（一）补贴范围

水稻、小麦、玉米、棉花良种补贴在全国31个省（区、市）实行全覆盖。

大豆良种补贴在辽宁、黑龙江、吉林、内蒙古4省（区）实行全覆盖。

油菜良种补贴在江苏、浙江、安徽、江西、湖北、湖南、重庆、贵州、四川、云南及河南信阳、陕西汉中和安康地区实行冬油菜全覆盖。

青稞良种补贴在四川、云南、西藏、甘肃、青海等省（区）的藏区实行全覆盖。

（二）补贴对象

在生产中使用农作物良种的农民（含农场职工）给予补贴。

（三）补贴标准

小麦、玉米、大豆、油菜和青稞每亩补贴10元，其中，新疆地区的小麦良种补贴提高到15元。早稻补贴标准提高到15元,与中晚稻和棉花持平。

(四)补贴方式

水稻、玉米、油菜补贴采取现金直接补贴方式,小麦、大豆、棉花可采取统一招标、差价购种补贴方式,也可现金直接补贴,具体由各省根据实际情况确定;继续实行马铃薯原种生产补贴,在藏区实施青稞良种补贴,在部分花生产区继续实施花生良种补贴。

四、推进农作物病虫害专业化统防统治政策

大力推进农作物病虫害专业化统防统治,既能解决农民一家一户防病治虫难的问题,又能显著提高病虫防治效果、效率和效益,是保障农业生产安全、农产品质量安全、农业生态环境安全的有效措施。根据国务院2011年2月9日常务会议精神,今年中央财政将安排5亿元专项资金,对承担实施病虫统防统治工作的2 000个专业化防治组织进行补贴。

(一)补贴对象

承担实施病虫统防统治工作的2 000个专业化防治组织。

(二)补贴标准

平均每个防治组织补助标准为25万元。接受补助的防治组织应具备3个基本条件:一是在工商或民政部门注册并在县级农业行政部门备案;二是具备日作业能力在1 000亩(15亩=1公顷。全书同)以上的技术、人员和设备等条件;三是承包防治面积达到一定规模,具体为南方中晚稻1万亩以上,小麦、早稻或北方一季稻面积2万亩以上,玉米3万亩以上。

(三)补贴资金用途

补贴资金主要用于购置防治药剂、田间作业防护用品、机械维护用品和病虫害调查工具等方面,提升防治组织的科学防控水平和综合服务能力。

(四)实施范围

全国29个省(区、市)小麦、水稻、玉米三大粮食作物主产区800个县(场)和迁飞性、流行性重大病虫源头区200个县的专业化统防统治。

(五)补贴程序

需要补助的防治服务组织,需先向县级农业行政主管部门提出书面申请,经确认资格并核实能承担的防治任务后可享受补贴。

五、生猪补贴(生猪调出大县奖励)政策

2007年8月2日,国务院发布《国务院关于促进生猪生产发展稳定市场供应的意见》,要求各地区、各有关部门,建立保障生猪生产稳定发展的长效机制,稳定市场供应、满足消费者需求、增加农民收入,并从2007年开始实施生猪调出大县奖励政策,目的是调动地方发展生猪产业的积极性,促进生猪生产、流通,引导产销有效衔接,保障猪肉市场供应安全。2010年,国家实施中央财政安排奖励资金30亿元,专项用于发展生猪生产和产业化经营。奖励资金按照"引导生产、多调多奖、直拨到县、专项使用"的原则,依据生猪调出量、出栏量和存栏量权重分别为50%、25%、25%进行测算,2010年奖励县数362个。2011年中央继续实施生猪调出大县奖励,主要用于生猪养殖场(户)的猪舍改造、良种引进、防疫管理、粪污处理和贷款贴息等;扶持生猪产业化骨干企业整合产业链,引导产销衔接,提高生猪的产量和质量。

(一)奖励对象

奖励对象是生猪调出大县,即是指生猪调出量和出栏量符合规定标准的县(县级市、区、旗和农场)。

对达不到规定标准,但对区域内的生猪生产和猪肉供应起着重大影响作用的县(如36个大中城市周边的产猪大县),可以纳入奖励范围。

为增强产业抵御市场风险、维护消费者安全,我国对大型生猪产业化龙头企业(含专业合作社)实施整合生猪产业链,引导产销有效衔接的项目予以支持。此项目由中央财政统一实施,不包括下达至县级财政的奖励资金。

(二)奖励原则

生猪调出大县坚持"引导生产、多调多奖、直拨到县、专项使用"的原则,主要以统计系统公开发布的分县分年数据为基础,对统计数据达到规定标准的县予以奖励。

(三)奖励依据

奖励资金以生猪调出量、出栏量和存栏量作为测算因素,所占权重分别为50%、25%、25%。分县的生猪出栏量、存栏量按前3年的数据进行算术平均。调出量按生猪出栏量扣除当地生猪消费量计算。

调出量 = 出栏数 - 当地消费生猪数量

其中:

当地消费生猪数量 = (当地农村人口数 × 农村人均消费猪肉数量 + 当地城镇人口数 × 城镇人均消费猪肉数量)/平均每头猪产肉量

(四)奖励资金的用途

奖励资金实行专款专用,主要用途如下。

(1)规模化生猪养殖户(场)猪舍改造、良种引进、粪污处理的支出。

(2)生猪生产方面的支出,包括养殖大户购买种公猪、母猪、仔猪和饲料等的贷款贴息,生猪防疫服务费用及保险保费补助支出,采用先进养殖技术等。

(3)生猪流通和加工方面的贷款贴息等支出。

(4)支持生猪产业化龙头企业实施自建基地、帮助合同养殖场(户、合作社)发展生猪生产,建设猪肉产品质量安全可追溯系统,改善加工流通条件等项目的支出。

(5)规范无害化处理支出。

(6)经财政部批准的其他支出。

(五)奖励资金的申报和拨付

(1)财政部每年印发申报指南,明确当年申报工作有关规定和要求。

(2)财政部根据每年地方报送数据及当年奖励资金规模等情况,确定当年生猪调出大县后,按奖励因素及各自所占权重计算,将奖励资金直接分配到县。

生猪调出大县奖励资金通过专项转移支付拨付到省级财政。省级财政在收到奖励资金后,必须在10个工作日内拨付到县级财政及相关企业,不得滞留、截留和挪用。

(六)奖励资金的监督管理

(1)由省级财政部门牵头,会同省级畜牧(或农业)、商务等部门对生猪调出大县奖励资金建立监管制度。对分县的生猪出栏、存栏和调出等基础数据进行动态管理,跟踪数据变化,使生猪调出大县奖优汰劣,有进有出。

(2)对弄虚作假、截留、挪用等违反财经纪律的行为,一经查实,按《财政违法行为处罚处分条例》(国务院令第427号)等有关规定进行处理,同时将已经拨付的财政补贴资金全额收回上缴中央财政。

六、增加产粮大县奖励政策

为改善和增强产粮大县财力状况,调动地方政府重农抓粮的积极性,2005年中央财政出台了产粮大县奖励政策。政策实施以来,中央财政一方面逐年加大奖励力度,一方面不断完善奖励机制。2009年产粮大县奖励资金规模达到175亿元,奖励县数达到1 000多个。2010年中央财政继续加大产粮大县奖励力度,进一步完善奖励办法,稳步提高粮食主产区财力水平,调动其发展粮食生产的积极性。2010年产粮大县奖励资金规模约210亿元,奖励县数达到1 000多个。2011年中央财政安排225亿元奖励产粮大县,比上年增加15 4乙元,增幅7%。

（一）奖励依据

中央财政依据粮食商品量、产量、播种面积各占50%、25%、25%的权重,测算奖励资金。

（二）奖励对象

对粮食产量或商品量分别位于全国前100位的超级大县,中央财政予以重点奖励;超级产粮大县实行粮食生产"谁滑坡、谁退出,谁增产、谁进入"的动态调整制度。

自2008年起,在产粮大县奖励政策框架内,增加了产油大县奖励,每年安排资金25亿元,由省级人民政府按照"突出重点品种、奖励重点县（市）"的原则确定奖励条件,全国共有900多个县受益。

（三）奖励机制

为更好地发挥奖励资金促进粮食生产和流通的作用,中央财政建立了"存量与增量结合、激励与约束并重"的奖励机制,要求2008年以后新增资金全部用于促进粮油安全方面开支,以前存量部分可继续作为财力性转移支付,由县财政统筹使用,但在地方财力困难有较大缓解后,也要逐步调整用于支持粮食安全方面的开支。

（四）兑付办法

结合地区财力因素,将奖励资金直接"测算到县、拨付到县"。

（五）重点规定

奖励资金不得违规购买、更新小汽车,不得新建办公楼、培训中心,不得搞劳民伤财、不切实际的"形象工程"。

【小资料】

辽宁整合资金5.2亿元　16个产粮大县水利设施大变样

辽宁省一改小型水利设施建设资金"撒芝麻盐"的传统做法,整合各级各类资金5.2亿元,集中支持16个产粮大县开展小型农田水利工程设施建设,全年新增灌溉面积14.6万亩,改善灌溉面积35.8万亩,新增排涝面积23万亩,新增节水能力9 300万立方米,新增粮食生产能力1.15亿千克,新增经济作物产值3.43亿元。

省水利部门根据"突出建设重点、增强示范效应"的原则,选出了多年来粮食产量占全省总量53.3%的16个县市作为小型农田水利工程建设重点县,包括绥中县、朝阳县、建平县、凌海市、黑山县、昌图县、桓仁满族自治县、海城市、台安县、辽阳县、新民市、辽中县、新宾满族自治县等。此后,核定农田水利基础设施相对薄弱的耕地,以建设"辽西北高效节水、辽东地区优质水稻节水、中部地区现代化灌排渠系"3个示范区为目的,通过整合全省小型农田水利工程建设资金,创建"以县为主"的横向资金整合机制,在项目规划、预算编制等多个环节中突出"多个渠道蓄水,一个龙头放水"的崭新格局,还将各重点县小型农田水利建设工作纳入省"大禹杯"竞赛考核范围,促使各地形成了政府投入、社会投资和农民积极参与农田水利工程建设的热潮。

到年底,16个小型农田水利工程建设重点县新建和改造塘坝94处,新增和改造泵站20座,新建和改造机电井6 071眼,修建渠道防渗588千米,改造配套建筑物6 235座,铺设低压输水管道3 109千米,实施喷灌、微灌改造面积3.8万亩,改造排水闸站16座,实施排水沟道清淤土方624万立方米。

七、支持优势农产品生产和特色农业发展政策

加快推进优势农产品区域布局,大力发展特色农业,是发展现代农业的客观要求,是保障农产品有效供给的重要举措,是增强农产品竞争力、促进农民持续增收的有效手段。围绕贯彻落实连续中央一号文件精神,农业部加快实施优势农产品区域布局规划,深入推进粮棉油糖高产创建,支持特色农业发展。

(一)加快实施优势农产品区域布局规划

按照新一轮《优势农产品区域布局规划》的要求,突出粮食优势区建设,重点抓好优质棉花、糖料、优质苹果等基地建设,积极扶持奶牛、肉牛、肉羊、猪等优势畜产品良种繁育,支持优势水产品出口创汇基地的良种、病害防控等基础设施建设,建成一批优势农产品产业带,培育一批在国内外市场有较强竞争力的农产品,建立一批规模较大、市场相对稳定的优势农产品出口基地,培育一批国内外公认的农产品知名品牌。

(二)加快开展粮棉油糖高产创建

高产创建是农业部从2008年起实施的一项稳定发展粮棉油糖生产的重要举措,其关键是集成技术、集约项目、集中力量,促进良种良法配套,挖掘单产潜力,带动大面积平衡增产。这项工作启动以来涌现出一批万亩高产典型,为实现粮食连年增产和农业持续稳定发展发挥了重要作用,实现了由专家产量向农民产量的转变、由单项技术向集成技术的转变、由单纯技术推广向生产方式变革的转变。2009年,全国2 050个粮食高产创建示范片平均亩产653.6千克,相同地块比上年增产70.1千克,增产效果十分显著。2010年农业部会同财政部研究制定了《2010年粮棉油糖高产创建实施指导意见》,粮食高产创建示范片大幅度增加,2010年,中央财政安排专项资金10亿元,在全国建设高产创建万亩示范片5 000个，总面积超过5 600万亩，其中粮食作物4 380个、油料作物370个、新增糖料万亩示范片50个，共惠及7 048个乡镇（次）、37 688个村（次）、1 260.77万农户（次）。目标是按照统一整地播种、统一肥水管理、统一技术培训、统一病虫防治、统一机械收获的"五统一"的技术路线，积极探索万亩示范片规模化生产经营模式和专业化服务组织形式，创新农技推广服务新机制，加快农业规模化、标准化生产步伐。按照《国务院办公厅关于开展2011年粮食稳定增产行动的意见》，2011年进一步加大投入，创新机制，在更大规模、更广范围、更高层次上深入推进。

2011年，中央财政将在去年基础上增加5亿元高产创建补助资金。

（1）高产创建范围。粮食高产创建，将选择基础条件好、增产潜力大的50个县（市）、500个乡（镇），开展整乡整县整建制推进粮食高产创建试点。

（2）高产创建推进。要以行政村、乡或县的行政区域为实施范围，以行政部门的协作推进为动力，把万亩示范片的技术模式、组织方式、工作机制，由片到面、由村到乡、由乡到县，覆盖更大范围，实现更高产量。各地要因地制宜，可先实行整村推进，逐步整乡推进，有条件的地方积极探索整县推进。尤其是《全国新增1 000亿斤粮食生产能力规划（2009—2020年）》中的800个产粮大县（场）也要整合资源，积极推进整乡整县高产创建。

（3）高产创建方式。深入推进高产创建需要科研与推广结合，推动高产优质品种的选育应用、推动高产技术的普及推广、推动科研成果的转化应用。规模化经营和专业化服务结合，引导耕地向种粮大户集中，推进集约化经营。大力发展专业合作社，大力开展专业化服务，探索社会化服务的新模式。

(三)培育壮大特色产业

组织实施《特色农产品区域布局规划》,发挥地方优势资源,引导特色产业健康发展。推进一村一品,强村富民工程和专业示范村镇建设。农业部已建立了发展一村一品联席会议制度,中央财政设立了支持一村一品发展的财政专项资金,重点抓一批一村一品示范村,并认定一批发展一村一品的专业村和专业乡镇,示范带动一村一品发展。

第四章　维护新型职业农民身心健康

第一节　保持身心健康

随着时代的发展和科学技术的进步,人们的温饱问题逐渐得到解决,慢慢步入了小康社会,人们也就越来越重视自己的健康。因为没有健康,就无法拥有财富、爱情和幸福,也等于失去一切。究竟什么是健康呢？一般人不一定完全了解,因为健康并不单单是以前大家理解的所谓不生病就是健康。

1946年,世界卫生组织就明确指出:健康不仅是没有疾病或虚弱,它是一种在躯体上、心理上和社会等各个方面都能保持完全和谐的状态。可见,全面健康至少应包括身体健康和心理健康两个方面,二者密切相关,无法分割;而具有社会适应能力也是国际上公认的心理健康的首要标准,即要求个体的各种活动和行为能适应复杂的环境变化,与他人相处和谐。三者缺一不可,这就是健康概念的精髓。

一、职业农民的身心健康标准

（一）了解自我,悦纳自我

一个心理健康的人能体验到自己的存在价值,既能了解自己,又能接受自己,对自己的能力、性格和优缺点都能做出恰当的、客观的评价;对自己不会提出苛刻的、非分的期望与要求;对自己的生活目标和理想也能定得切合实际,因而对自己总是满意的;同时,努力发展自身的潜能,即使对自己无法补救的缺陷,也能安然处之。一个心理不健康的人则缺乏自知之明,并且总是对自己不满意;由于所定目标和理想不切实际,主观和客观的距离相差太远而总是自责、自怨、自卑;由于总是要求自己十全十美,而自己却又总是无法做到完美无缺,于是就总是同自己过不去,结果是使自己的心理状态永远无法平衡,也无法摆脱自己感到将要面临的心理危机。

(二)接受他人,善与人处

心理健康的人乐于与人交往,不仅能接受自我,也能接受他人、悦纳他人,能认可别人存在的重要性和作用,同时也能为他人所理解,为他人和集体所接受,能与他人相互沟通和交往,人际关系协调和谐。在生活的集体中能与大家融为一体,既能在与挚友同聚之时共享欢乐,也能在独处沉思之时而无孤独之感。因而在社会生活中有较强的适应能力和较充足的安全感。一个心理不健康的人,总是自外于集体,与周围的人们格格不入。

(三)正视现实,接受现实

心理健康的人能够面对现实,接受现实,并能主动地去适应现实,进一步地改造现实,而不是逃避现实。能对周围事物和环境做出客观的认识和评价,并能与现实环境保持良好的接触,既有高于现实的理想,又不会沉湎于不切实际的幻想与奢望中,同时对自己的力量有充分的信心,对生活、学习和工作中的各种困难和挑战都能妥善处理。心理不健康的人往往以幻想代替现实,而不敢面对现实,没有足够的勇气去接受现实的挑战,总是抱怨自己"生不逢时"或责备社会环境对自己不公而怨天尤人,因而无法适应现实环境。

(四)热爱生活,乐于工作

心理健康的人能珍惜和热爱生活,积极投身于生活,并在生活中尽情享受人生的乐趣,而不会认为是重负。他们还在工作中尽可能地发挥自己的个性和聪明才智,并从工作的成果中获得满足和激励,把工作看做乐趣而不是负担;同时也能把工作中积累的各种有用的信息、知识和技能存储起来,便于随时提取使用,以解决可能遇到的新问题,克服各种各样的困难,使自己的行为更有效率,工作更有成效。

(五)能协调与控制情绪,心境良好

心理健康的人,愉快、乐观、开朗、满意等积极情绪总是占优势的,虽然也会有悲、忧、愁、怒等消极情绪体验,但一般不会长久;同时能适度地表达和控制自己的情绪,喜不狂、忧不绝、胜不骄、败不馁,谦而不卑,自尊自重。他们在社会交往中既不妄自尊大,也不退缩畏惧;对于无法得到的东西不过于贪求,争取在社会允许范围内满足自己的各种需要;对于自己能得到的一切感到满意,心情总是开朗、乐观的。

(六)人格完整和谐

心理健康的人,其人格结构包括气质、能力、性格和理想、信念、动机、兴趣、人生观等各方面能平衡发展。人格作为人的整体的精神面貌,能够完整、协调、和谐地表现出来;思考问题的方式是适中和合理的,待人接物能采取恰当灵活的态度,对外界刺激不会有偏颇的情绪和行为反应;能够与社会的步调合拍,也能和集体融为一体。

(七)智力正常,智商在80以上

智力正常是人正常生活最基本的心理条件,是心理健康的重要标准。智力是人的观察力、记忆力、想象力、思考力和操作能力的综合。一般常用智力测验来诊断智力发展的水平。智商低于70者为智力低下。

(八)心理行为符合年龄特征

在人的生命发展的不同年龄阶段,都有相对应的不同的心理行为表现,从而形成不同年龄阶段独特的心理行为模式。心理健康的人应具有与同年龄多数人相符合的心理行为特征。如

果一个人的心理行为经常严重偏离自己的年龄特征,一般是心理不健康的表现。

二、职业农民的饮食健康

(一)四季饮食调养

由于四时阴阳消长的变化,所以有春生、夏长、秋收、冬藏的生物发展生长规律,因而四时阴阳是万物的根本。根本即指万物生和死的本源。这里主要讲饮食调养。

1. 春季饮食要养"阳"

也就是说,在饮食方面,适宜多吃些能温补阳气的食物。以葱、蒜、韭、蓼、蒿、芥、大枣、山药等辛嫩之菜,杂和而食。进入温暖的春天,我们的身体在此时也在发生着一些变化,春季养生要注重养肝。立春时节,人体的生理变化主要是:一是气血活动加强,新陈代谢开始旺盛;二是肝主藏血、肝主疏泄的功能逐渐加强,人的精神活动也开始变得活跃起来。立春养肝除了注意饮食、起居、运动外,情绪的好坏也很重要。因为春季阳气生发速度开始多于阴气的速度,所以,肝阳、肝火也处在了上升的势头,需要适当地释放。肝是喜欢疏泄讨厌抑郁的,生气发怒就容易肝脏气血淤滞不畅而导致各种肝病,"怒伤肝"就是这个道理。进入春天后,保持心情舒畅,就能让肝火流畅地疏泄出去,如果常常发脾气特别是暴怒,就会导致肝脏功能波动,使火气旺上加旺,火上浇油,伤及肝脏的根本。所以,春季一定要做到心平气和、乐观开朗,如果生气了,要学会息怒,即使生气也不要超过3分钟。

2. 夏季饮食要消"火"

增加一些苦味食物。苦味食物中所含的生物碱具有消暑清热、促进血液循环、舒张血管等药理作用。热天适当吃些苦瓜、苦菜,以及啤酒、茶水、咖啡、可可等苦味食品,不仅能清心除烦、醒脑提神,且可增进食欲、健脾利胃。营养学家建议:高温季节最好每人每天补充维生素 B_1、维生素 B_2 各 2 毫克,维生素 C 50 毫克,钙 1 克,这样可减少体内糖类和组织蛋白的消耗,有益于健康。也可多吃一些富含上述营养成分的食物,如西瓜、黄瓜、番茄、豆类及其制品、动物肝肾、虾皮等,亦可饮用一些果汁。不可过食冷饮和饮料,气候炎热时适当吃一些冷饮或喝饮料,能起到一定的祛暑降温作用。雪糕、冰砖等是用牛奶、蛋粉、糖等制成的,不可食之过多,过食会使胃肠温度下降,引起不规则收缩,诱发腹痛、腹泻等疾患。饮料品种较多,大都营养价值不高,还是少饮为好,多饮会损伤脾胃,影响食欲,甚至可导致胃肠功能紊乱。勿忘补钾,暑天出汗多,随汗液流失的钾离子也较多,由此造成的低血钾现象,会引起倦怠无力、头昏头痛、食欲不振等症状。热天防止缺钾最有效的方法,是多吃含钾食物,新鲜蔬菜和水果中含有较多的钾,可酌情吃一些草莓、杏子、荔枝、桃子、李子等水果;蔬菜中的青菜、大葱、芹菜、毛豆等含钾也丰富。茶叶中亦含有较多的钾,热天多饮茶,既可消暑,又能补钾,可谓一举两得。膳食最好现做现吃,生吃瓜果要洗净消毒。在做凉拌菜时,应加蒜泥和醋,既可调味,又能杀菌,而且增进食欲。饮食不可过度贪凉,以防病原微生物乘虚而入。热天以清补、健脾、祛暑化湿为原则。应选择具有清淡滋阴功效的食品,诸如鸭肉、鲫鱼、虾、瘦肉、食用蕈类(香菇、蘑菇、平菇、银耳等)、薏米等。此外,亦可进食一些绿豆粥、扁豆粥、荷叶粥、薄荷粥等"解暑药粥",有一定的祛暑生津功效。

3. 秋季饮食要重"润"

秋季饮食重在养肺润燥,少吃辛辣油腻,多吃蔬菜水果。传统中医认为,秋季饮食应贯彻"少辛多酸"的原则,以平肺气、助肝气,以防肺气太过胜肝,使肝气郁结。尽可能少食用葱、姜、蒜、韭、椒等辛味之品,不宜多吃烧烤,以防加重秋燥症状。秋季也最易便秘,应当多吃蔬菜、水果,可以多食用芝麻、糯米、蜂蜜、荸荠、葡萄、萝卜、梨、柿子、莲子、百合、甘蔗、菠萝、香蕉、银耳等。

秋季养生适宜多摄取的食物有如下几类:一是养肺润燥平补的食物:鸭肉、猪肉、猪肺、泥鳅、鹌鹑蛋、牛奶、花生、杏仁、山药、白木耳、百合、冰糖、蜂蜜、无花果、胡萝卜等;二是清肺润燥的食物:鸭蛋、白萝卜、菠菜、冬瓜、丝瓜、白菜、蘑菇、紫菜、梨子、柿子、柿饼、罗汉果、橙子、柚子等;三是秋燥引起肺气虚时,可多选用百合、薏米、淮山药、蜂蜜等补益肺气;肺阴虚时应多选用核桃、芡实、瘦肉、蛋类、乳类等食物滋养肺阴;如伤及胃阴肝肾阴精时,可用芝麻、雪梨、藕汁及牛奶、海参、猪皮、鸡肉等分别滋养胃阴及肝肾阴精。

4. 冬季饮食要重"补"

冬令进补,是我国传统的防病强身、扶持虚弱的自我保健方法之一。冬季,气候寒冷,阴盛阳衰。人体受寒冷气温的影响,机体的生理功能和食欲等均会发生变化。由于中老年人生理上的变化,在隆冬季节,对于高压低温气候的调节适应能力,远比青年人为差,容易影响体内平衡,产生血管舒缩功能障碍,从而引起种种不适或疾病。因此,在注意生活起居等方面养生的同时,合理地调整饮食,保证人体必需营养素的充足,对提高老人的耐寒能力和免疫功能,使之安全、顺利地越冬,是十分必要的。养生专家给出了如下建议。

冬季饮食应保证能量的供给,冬季气候寒冷,阴盛阳衰。人体受寒冷气温的影响,肌体的生理功能和食欲等均会发生变化。因此,合理地调整饮食,保证人体必需营养素的充足,对于提高老人的耐寒能力和免疫功能,是十分必要的。老年人在冬季进补时,首先要保证热能的供给。冬天的寒冷气候影响人体的内分泌系统,使人体热量散失过多。老年人冬天晨起服人参酒或黄芪酒一小杯,可防风御寒活血。体质虚弱的老年人,冬季常食炖母鸡、精肉、蹄筋,常饮牛奶、豆浆等,可增强体质。将牛肉适量切小块,加黄酒、葱、姜,用砂锅炖烂,食肉喝汤,有益气止渴、强筋壮骨、滋养脾胃之功效。阳气不足的老人,可将羊肉与萝卜同煮,然后去掉萝卜(即用以除去羊肉的膻腥味),加肉苁蓉15克、巴戟肉15克、枸杞子15克同煮,食羊肉饮汤,有兴阳温运之功效。

(二)科学饮水

水是人类每天必不可少的营养物质。有试验证明,一个人只喝水不吃饭仍能存活几十天,但如果3天不喝水人就无法生存,可见水对人体健康十分重要。健康成年人每天约需2 500毫升水,因此要保持健康就必须注意每天摄入充足的水分。同时,喝水必须注意讲究科学,讲究卫生。一是不喝污染的生水:人类80%的传染病与水或水源污染有关。伤寒、霍乱、痢疾、传染性肝炎等疾病都可通过饮用污染的水引起。污染的水还可以引起寄生虫病的传播和地方性疾病等。因此,饮水要符合卫生要求。不要喝生水,要喝煮沸的开水。二是喝水要掌握适宜的硬度:水的硬度是指溶解在水中盐类含量,水中钙盐、镁盐含量多,则水的硬度大,反之则硬度小。水质过硬影响胃肠道消化吸收功能,发生胃肠功能紊乱,引起消化不良和腹泻。我国规定水总硬度不超过25°。建议一般饮用水的适宜硬度为10~20°。处理硬水最好的办法是煮沸,经煮沸后均能达到适宜的硬度。三是喝水要有节制、夏季气温高,人们多汗易渴。但一次喝水要适量,不要喝大量的水。即便是口渴的厉害,一次也不能喝太多水。这是因为喝进的水被吸收进入血液后,血容量会增加,大量的水进入血液循环就会加重心脏负担。要注意适当地分几次喝。四是喝水要适时适量,清晨起床后喝一杯水有疏通肠胃之功效,并能降低血液浓度,起到预防血栓形成的作用。剧烈运动或劳动出大汗后不宜立即喝大量水。进餐后消化液正在消化食物,此时如喝进大量水就会冲淡胃液、胃酸而影响消化功能。

(三)科学喝奶

每年5月的第三个星期三,是"国际牛奶日"。随着人们养生意识的不断提高,牛奶已经越来越成为人们日常生活中不可或缺的健康"必需品"。在饮用时不要空腹喝牛奶。空腹喝牛奶会使肠蠕动增加。喝牛奶前先吃些淀粉类的食物或与馒头、面包等同食。牛奶不宜久煮。牛奶在煮沸后如果再继续加热,奶中的乳糖开始焦化,并逐渐分解为乳酸和少量的甲酸,维生素也被破坏,所以热奶以刚沸为度,不宜久煮。牛奶不宜过多冷饮。冷牛奶会增加肠胃蠕动,引起轻度腹泻,特别是患有溃疡病、结肠炎及其他肠胃病患者不宜过多饮冷牛奶。牛奶不宜与含鞣酸的食物同吃,如浓茶、柿子等。因为这些食物的鞣酸易与牛奶中的钙反应结块成团,影响消化。喝奶以每天早晚为宜。

(四)鸡蛋的吃法

鸡蛋,是天然食物中富含大量的维生素和矿物质及有高生物价值的蛋白质。是人类最好的营养来源之一。总的来说,鸡蛋的功效可以概括为,健脑、延年、益智、保护肝脏以及防治动脉硬化等疾病,还有就是预防癌症,但在我们日常的鸡蛋吃法中,有6大错误的吃法,你知道吗?一是生吃。有些人觉得,食物一经煮熟,就会流失其营养价值,有人认为生吃鸡蛋可以获取比熟鸡蛋更多的营养价值,其实不然,生吃鸡蛋很可能会把鸡蛋中含有的细菌(例如大肠杆菌)吃进肚子去,造成肠胃不适并引起腹泻。并且,值得一说的是,鸡蛋的蛋白含有抗生物素蛋白,需要高温加热破坏,否则会影响食物中生物素的吸收,使身体出现食欲不振、全身无力、肌肉疼痛、皮肤发炎、脱眉等症状。二是隔夜。鸡蛋其实是可以煮熟了之后,隔天再重新加热再吃的。但是,半生熟的鸡蛋,在隔夜之后吃却不行,鸡蛋如果没有完全熟透,在保存不当的情形下容易滋生细菌,如造成肠胃不适、胀气等情形。也有人认为鸡蛋煮越久越好,这也是错误的。因为鸡蛋煮的时间过长,蛋黄中的亚铁离子与蛋白中的硫离子化合生成难溶的硫化亚铁,很难被吸收。三是过量。鸡蛋含有高蛋白,如果食用过多,可导致代谢产物增多,同时也增加肾脏的负担,造成肾脏机能的损伤。所以,一般老年人每天吃1~2个鸡蛋为宜。中青年人、从事脑力劳动或轻体力劳动者,每天可吃2个鸡蛋;从事重体力劳动者,每天可吃2~3个鸡蛋;少年儿童由于长身体,代谢快,每天也应吃2~3个鸡蛋。孕妇、产妇、乳母、身体虚弱者以及进行大手术后恢复期的病人,需要多增加优良蛋白质,每天可吃3~4个鸡蛋,但不宜再多。四是加糖、加豆浆。鸡蛋与糖一起烹饪,二者之间会因高温作用生成一种叫糖基赖氨酸的物质,破坏了鸡蛋中对人体有益的氨基酸成分。值得注意的是,糖基赖氨酸有凝血作用,进入人体后会造成危害。所以应当等蛋制食物冷了之后再加入糖。另外,有很多人喜欢在早餐的时候吃上一个鸡蛋一个面包,再加上一杯豆浆。其实大豆中含有的胰蛋白酶,与蛋清中的卵松蛋白相结合,会造成营养成分的损失,降低二者的营养价值。五是空腹。空腹过量进食牛奶、豆浆、鸡蛋、肉类等蛋白质含量高的食品,蛋白质将"被迫"转化为热能消耗掉,起不到营养滋补作用。同时,在一个较短的时间内,蛋白质过量积聚在一起,蛋白质分解过程中会产生大量尿素、氨类等有害物质,不利于身体健康。六是煎鸡蛋、茶叶蛋。有很多人喜欢吃煎鸡蛋,特别是边缘煎得金黄的那种,这个时候就要注意啦,因为被烤焦的边缘,鸡蛋清所含的高分子蛋白质会变成低分子氨基酸,这种氨基酸在高温下常可形成致癌的化学物质。茶叶蛋也应少吃,一方面是因为茶叶蛋反复的煎煮,其营养已经被破坏,另一方面就是在这个过程中茶叶中含酸化物质,与鸡蛋中的铁元素结合,对胃有刺激作用,影响胃肠的消化功能。看来,吃一个小小的鸡蛋所要注意的还真多,但是,这都是些值得注意的事项。只要我们平时在吃的时候注意一点,就能够很好地吸收鸡蛋中有益的营养成分。

(五)肉的吃法

关于肉的负面报道在最近几年里越来越多,先是食品安全方面出现了口蹄疫、疯牛病、禽流感、吃深海鱼导致汞中毒等事件,接着在营养方面"吃红肉容易得肠癌"的相关报道又出现在各大报章。营养学家们也总是警告"中国人吃肉太多"。除了猪、牛、羊等红肉中脂肪含量过高外,肉类中还含有嘌呤碱,这类物质在体内的代谢中会生成尿酸。尿酸大量积聚,会破坏肾毛细血管的渗透性,引起痛风、骨发育不良等疾病。最新的研究还表明,过量吃肉会降低机体免疫力,使人体对各种疾病难以抵抗。

肉是我们在日常营养中获得蛋白质和能量的重要来源,喜欢吃肉的人当然应该照吃不误。不过,吃的时候也要多了解点和有关安全的知识,尽量减少可能的危害。比如,疯牛病的病原体主要出现在牛的脑部、脊髓、视网膜等神经组织,我们在吃牛的这些部位时,就要格外小心。另外,牛体内一旦感染了疯牛病毒,要消灭极其不易,即使把牛肉煮熟,也无济于事。所以,对于来自疫区或来路不明的牛肉千万别吃。禽流感的病毒就没这么厉害了。它就像感冒病毒一样,主要由飞沫传染,不论是鸡肉或鸡蛋,只要煮得时间长点就可以杀死病毒。所以,吃鸡肉时最重要的一点,就是记得多煮一会。吃深海鱼导致汞中毒则主要与海洋污染越来越严重有关,因此,吃鱼时有几个部位是我们应格外注意的,最好别吃。比如,鱼鳃、鱼皮和鱼的脂肪,这些都是污染物容易堆积的部位。畜肉不如禽肉,禽肉不如鱼肉。营养学家们建议,吃肉时应遵循的一条重要原则是:吃畜肉不如吃禽肉,吃禽肉不如吃鱼肉,吃鱼肉不如吃虾肉。畜肉中,猪肉的蛋白质含量最低,脂肪含量最高,即使是"瘦肉",其中,肉眼看不见的隐性脂肪也占28%。因此,某些需要限制脂肪酸摄入量的心血管、高血脂病患者,千万不要以为吃"瘦肉"就是安全的。此外,吃猪肉时最好与豆类食物搭配。因为豆制品中含有大量卵磷脂,可以乳化血浆,使胆固醇与脂肪颗粒变小,悬浮于血浆中,不向血管壁沉积,能防止硬化斑块形成。禽肉是高蛋白低脂肪的食物,特别是鸡肉中赖氨酸的含量比猪肉高 13%。鸡肉最有营养的吃法就是熬汤,还能起到医疗效果:可振奋人的精神,消除疲劳感,治疗抑郁症;加速鼻咽部的血液循环,增强支气管的分泌液,有利于清除侵入呼吸道的病毒,缓解感冒症状。而鹅肉和鸭肉不仅总的脂肪含量低,所含脂肪的化学结构与猪肉也不同,更接近橄榄油,主要是不饱和脂肪酸,能起到保护心脏的作用。鱼肉是肉食中最好的一种。它的肉质细嫩,比畜肉、禽肉更易消化吸收,对儿童和老人尤为适宜。此外,鱼肉的脂肪含量低,不饱和脂肪酸占总脂肪量的 80%,对防治心血管疾病大有裨益。鱼肉脂肪中还含有一种二十二碳六烯脂肪酸,对活化大脑神经细胞,改善大脑机能,增强记忆力、判断力都极其重要。因此,人们常说吃鱼有健脑的功效。按照合理的饮食标准,每人每天平均需要动物蛋白 44~45 克。这些蛋白除了从肉中摄取外,还可以通过牛奶、蛋类等补充。因此,每天最好吃一次肉菜,而且最好在午餐时吃,肉量以 200 克左右为宜。再在早餐或晚餐时补充点鸡蛋和牛奶,就完全可以满足身体一天对动物蛋白的需要了。

(六)什么时候吃水果最健康

水果有助于健康,"每天一个水果"是很多人的健康饮食的标准。但吃水果也应该讲究时间。早上最宜:苹果、梨、葡萄。早上吃水果,可帮助消化吸收,有利通便,而且水果的酸甜滋味,可让人一天都感觉神清气爽。人的胃肠经过一夜的休息之后,功能尚在激活中,消化功能不强。餐前别吃:圣女果、橘子、山楂、香蕉、柿子。有一些水果是不可以空腹吃的,如圣女果空腹吃,就会与胃酸相结合而使胃内压力升高引起胀痛。山楂味酸,空腹食之会胃痛。饭后应选:菠萝、木瓜、猕猴桃、橘子、山楂,能增加消化酶活性,促进脂肪分解,帮助消化。夜宵安神:吃桂圆。

夜宵吃水果既不利于消化,又因为水果含糖过多,容易造成热量过剩,导致肥胖。但如果睡眠不好,可以吃几颗桂圆,它有安神助眠的作用,能让你睡得更香。

第二节　预防职业病

一、农业劳动卫生的问题

我国是农业大国,农业劳动可分为粮农、菜农、果农、药农等传统的农作物种植和收获,又有林、牧、渔等作业,农业生产有明显的季节性,受地区和气候的影响,农业机械化和农药、化肥的使用,使农业生产中的职业危害具有多样性、地区性和季节性。

近年来,虽然我国农机装配水平和作业水平得到了显著提高,但是仍有许多农民还是以土地自营生产方式为主。各种作业方式、作业场所、作业条件、气候变化、使用工具、机械化程度千差万别。随着经济和科学技术的发展,农业生产的机械化、自动化程度在提高,如麦田收割季节,从南到北的专业联合收割机发展迅速。蔬菜的大棚和无公害、有机化生产、干旱地区实施的微灌溉工程等高科技技术的应用也在扩大,逐步改变着传统的农业生产方式和劳动条件。但是,由于我国农业人口基数大,经济相对落后,尤其家庭作业方式仍占较大比重,农业劳动卫生的问题仍很突出。

农业生产中职业性有害因素

1. 不良气象条件

夏季,高气温和太阳辐射是野外作业难以避免的有害因素,尤其是在南方,白天室外气温通常在35℃以上,太阳辐射强度也大,人的体温随气温而升高,人体会出现积热而发生热射病,故在农田作业时可发生中暑。旱地作业因受地面二次辐射的影响,比水田作业受到影响更大,尤其在气温和相对湿度较高而风速较小的密植高秆作物(玉米、高粱、甘蔗等)的大田劳动时,由于蒸发散热困难,更易发生中暑。机械化作业时,还受到发动机所散发热量的影响,夏季驾驶室内温度可达40℃以上。

冬季,如果长期在5℃以下环境劳动,则会影响机体的免疫能力,易患感冒、肺炎等疾病,引起神经炎、腰腿痛和风湿性疾病等。暴露的手、足、面、耳易患冻疮及冻伤,严重时发生肢体坏疽。

2. 噪声和振动

主要来源于使用机械化生产的作业环境,如拖拉机、联合收割机、脱粒机、水泵、电磨、汽车等,拖拉机手除受到全身振动外,还受到局部振动。

3. 农药、化肥及有害化学气体

农作物种植、栽培、除草、杀虫、促进生长和成熟等过程经常使用各种农药、化肥,引起农药中毒及其他损伤。拖拉机和联合收割机废气中可含有一氧化碳,地窖储存的蔬菜因换气不良、腐败、氧化分解等可产生二氧化碳、硫化氢、一氧化碳等,引起入窖人员中毒。进入沼气室、粪坑等可接触甲烷、硫化氢或一氧化碳等窒息性气体。化肥损害随品种不同而异,夏季使用容易引起皮炎或湿疹,冬季可使皮肤角化、破裂。

4. 农业粉尘

农业生产接触的粉尘主要有泥土、植物粉尘和霉变物的粉尘。霉变枯草和谷类粉尘中可含某些嗜热性放线菌孢子,诱发"农民肺"(外源性变应性肺泡炎)。麦芒引起接触部位红肿刺痒及痛感,棉尘引起上呼吸道刺激,以至发烧、咳嗽、胸闷甚至尘肺,被小麦芽孢霉菌污染的干草等,在搬运、切割时产生的粉尘,可使人骤然发病,出现发烧、气促、干咳等,反复发作会使肺功能受损,甚至丧失劳动能力。

5. 病原微生物和致病昆虫

人畜共患的疾病种类很多,常见的有炭疽病、布氏杆菌病、钩端螺旋体病等。狗、蛇、水蛭亦常造成人体伤害。稻田皮炎是水田劳动者的常见病,在钩虫病流行的地区可见到钩蚴皮炎。

在玉米、小麦脱粒或棉花采摘搬运时因接触寄生在这些作物上的蒲团虫、谷螨引起瘙痒性皮炎。人工摘除附有三化螟虫卵的稻叶时,接触卵块鳞毛可引起三化虫螟卵块皮炎。果林区发生桑毛虫危害,接触其脱落飘逸的毒毛,可引起桑毛虫皮炎。

密切接触马尾松虫可引起松毛虫病。养蚕者手部接触部位可被柞蚕分泌物腐蚀,导致局部症状,并易发生感染,称为蚕沙病。

6. 其他因素

农业劳动中常有抬举重物及不良体位劳动易发生肌腱周围组织急性劳损、慢性腰肌劳损等多种肌肉、骨骼疾病。长期站立可致下脚肢静脉曲张,严重时形成化脓性血栓静脉炎。重体力劳动的女性常有月经异常和子宫下垂,严重者可造成子宫脱垂及阴道壁脱出。此外,外伤也是农业生产中发生率较高的一种伤害。在农作物收割、捆绑、运输、脱粒等作业中,由于麦芒、谷物粉屑、砂粒等异物入眼,常导致眼外伤。

二、职业病的定义、分类、特点

(一)职业病的定义

从医学的角度看,当职业性有害因素作用于人体的强度与时间超过一定限度时,人体不能代偿其所造成的功能性或器质性病理改变,从而出现相应的临床症状,影响劳动能力,这类疾病统称为职业病。职业病在我国《职业病防治法》中定义为:"职业病是指企业、事业单位和个体经济组织的劳动者在职业活动中,因接触粉尘、放射性物质和其他有毒、有害物质等因素而引起的疾病。"可见,广义地讲职业性有害因素所引起的特定疾病称为职业病,但在立法意义上,职业病却有特定的范围,即指政府所规定的法定职业病。根据我国政府的规定,法定职业病的诊断须在专门的机构进行,凡诊断为法定职业病的必须向主管部门报告,而且凡属于法定职业病者,在治疗和休假期间及在确定为伤残或治疗无效死亡时,应按劳动保险条例有关规定给予劳保待遇。有的国家(如美国、日本、德国等)对患职业病的工人要给予经济上的补偿,故也称赔偿性疾病。

(二)职业病的分类

我国卫生部、劳动保障部于2013年新颁布的《职业病目录》将职业病分为10类130种。其中,新增医护人员因职业暴露感染艾滋病等职业病17种,删除职业病1种。新增加的职业病包括:刺激性化学物质所致慢性阻塞性肺疾病,金属及其化合物粉尘肺沉着病(锡、铁、锑、钡及其化合物),硬金属肺病(如钨、钛、钴等),白斑,爆震聋,氯乙烯中毒,环氧乙烷中毒,铟及其化合物中毒,碘甲烷中毒,溴丙烷中毒,冻伤,激光所致眼(角膜、晶状体和视网膜)灼伤,医护人员因职业暴露感染艾滋病,β-萘胺所致膀胱癌,煤焦油、煤焦油沥青、石油沥青所致皮肤癌,毛沸石所致肺癌、胸膜间皮瘤,双氯甲醚所致肺癌。由于杀虫脒已经被禁止生产使用,职业病杀虫脒中毒在此次调整中删除。

职业病包括:职业性尘肺病13种及其他呼吸系统疾病6种;职业性皮肤病9种;职业性眼病3种;职业性耳鼻喉口腔病4种;职业性化学中毒59种;物理因素所致职业病7种;放射性职业病11种;职业性传染病4种;职业性肿瘤12种;其他职业病2种。为了及时掌握职业病的发病情况,做好职业病的预防工作,我国自2012年实施了新的《中华人民共和国职业病防治法》,同时,2013年卫生部修订了《职业病诊断与鉴定管理办法》。在《职业病报告办法》中要求急性职业中毒和急性职业病在诊断后24小时以内报告,慢性职业中毒和慢性职业病在15

天内会同有关部门进行调查,提出报告并进行登记。

(三)职业病的特点

(1)病因明确。病因即职业性有害因素,每个职业病患均有明确的职业性有害因素接触史,在控制病因或其作用条件后,可以消除或减少发病。

(2)病因大多是可以检测和识别的,且其强度或浓度需达到一定程度才能致病,一般存在接触水平(剂量)-效应(反应)关系。但某些职业性肿瘤(如接触石棉引起的胸膜间皮瘤)不存在这种关系。

(3)在接触同样的职业性有害因素人群中有一定数量发病,很少出现个别病例。

(4)大多数职业病如能早期诊断,及时治疗,妥善处理,预后较好。但有些职业病如硅肺,迄今为止所有治疗方法均无明显效果,只能对症处理,减缓进程,故发现越晚,疗效越差。

(5)除职业性传染病外,治疗个体无助于阻止人群发病,必须有效"治疗"有害的工作环境。从病因上说,职业病是完全可以预防的。发现病因、改善劳动条件、控制职业性有害因素,即可减少职业病的发生,故必须强调"预防为主"。

职业性疾病可累及全身各器官、系统,涉及临床医学的各个专科,包括内科、外科、神经科、皮肤科、眼科、耳鼻喉科等。所以,需要牢固掌握和充分运用临床多学科的综合知识和技能,做到早期发现,及时诊断,有效治疗,积极康复。还需要掌握职业性禁忌证、劳动能力鉴定等问题。所谓职业性禁忌证,是指劳动者从事特定职业或者接触特定职业病危害因素时,比一般职业人群更易于遭受职业病危害和罹患职业病,或者可能导致原有疾病病情加重,或者在从事作业过程中诱发可能导致对他人生命健康构成危险的疾病的个人特殊生理或病理状态。

此外,工伤的发生特点与职业病不同。虽然随着接触机会的增多,发生工伤的几率增加,但并不是成比例的,也不存在

"接触水平"的问题,一般是个别发生的,与恶劣的工作条件、缺乏严格管理、心理和行为因素关系密切。因此,通过改善工作环境,严格规范管理、操作和行为,进行心理辅导和治疗,加强防护措施,一般可以有效控制工伤的发生。

三、职业病的鉴定

劳动者对职业病诊断有异议的,在接到职业病诊断证明书之日起30日内,可以向作出诊断的医疗卫生机构所在地设区的市级卫生行政部门申请鉴定。设区的市级卫生行政部门组织的职业病诊断鉴定委员会负责职业病诊断争议的首次鉴定。如对设区的市级职业病诊断鉴定委员会的鉴定结论不服的,在接到职业病诊断鉴定书之日起15日内,可以向原鉴定机构所在地省级卫生行政部门申请再鉴定。省级职业病诊断鉴定委员会的鉴定为最终鉴定。

省级卫生行政部门应当设立职业病诊断鉴定专家库,专家库专家任期4年,可以连聘连任。专家库由具备下列条件的人组成:具有良好的业务素质和职业道德;具有相关专业的高级卫生技术职务任职资格;具有5年以上相关工作经验;熟悉职业病防治法律规范和职业病诊断标准;身体健康,能够胜任职业病诊断鉴定工作。

职业病诊断鉴定委员会承担职业病诊断争议的鉴定工作。职业病诊断鉴定委员会由卫生行政部门组织。卫生行政部门可以委托办事机构承担职业病诊断鉴定的组织和日常性工作。职业病诊断鉴定办事机构的职责是:接受当事人申请;组织当事人或者接受当事人委托抽取职业病诊断鉴定委员会专家;管理鉴定档案;承办与鉴定有关的事务性工作;承担卫生行政部门委托的有关鉴定的其他工作。

参加职业病诊断鉴定的专家,由申请鉴定的当事人在职业病诊断鉴定办事机构的主持下,从专家库中以随机抽取的方式确定。当事人也可以委托职业病诊断鉴定办事机构抽取专家。职业病诊断鉴定委员会组成人数为5人以上单数,鉴定委员会设主任委员1名,由鉴定委员会推举产生。在特殊情况下,职业病诊断鉴定专业机构根据鉴定工作的需要,可以组织在本地区以外的专家库中随机抽取相关专业的专家参加鉴定或者函件咨询。职业病诊断鉴定委员会专家有下列情形之一的,应当回避:是职业病诊断鉴定当事人或者当事人近亲属的;与职业病诊断鉴定有利害关系的;与职业病诊断鉴定当事人有其他关系,可能影响公正鉴定的。

当事人申请职业病诊断鉴定时,应当提供以下材料:职业病诊断鉴定申请书;职业病诊断证明书;职业史、既往史;职业健康监护档案复印件;职业健康检查结果;工作场所历年职业病危害因素检测、评价资料;其他有关资料。职业病诊断鉴定办事机构应当自收到申请资料之日起10日内完成材料审核,对材料齐全的发给受理通知书;材料不全的,通知当事人补充。职业病诊断鉴定办事机构应当在受理鉴定之日起60日内组织鉴定。

鉴定委员会应当认真审查当事人提供的材料,必要时可以听取当事人的陈述和申辩,对被鉴定人进行医学检查,对场所进行现场调查取证。鉴定委员会根据需要可以向原职业病诊断机构调阅有关的诊断资料。鉴定委员会根据需要可以向用人单位索取与鉴定有关的资料,用人单位应当如实提供。对被鉴定人进行医学检查,对被鉴定人的工作场所进行现场调查取证等工作由职业病诊断鉴定办事机构安排、组织。职业病诊断鉴定委员会可以根据需要邀请其他专家参加职业病诊断鉴定。邀请的专家可以提出技术意见、提供有关资料,但不参与鉴定结论的表决。

职业病诊断鉴定委员会应当认真审阅有关资料,按照有关规定和职业病诊断标准,运用科学原理和专业知识,独立进行鉴定。在事实清楚的基础上,进行综合分析,做出鉴定结论,并制作鉴定书。鉴定结论以鉴定委员会成员的过半数通过。鉴定过程应当如实记载。职业病诊断鉴定书应当包括以下内容:劳动者、用人单位的基本情况及鉴定事由;参加鉴定的专家情况;鉴定结论及其依据,如果为职业病,应当注明职业病和名称、程度(期别);鉴定时间。

参加鉴定的专家应当在鉴定书上签字,鉴定书加盖职业病诊断鉴定委员会印章。职业病诊断鉴定书应当于鉴定结束之日起20日内由职业病诊断鉴定办事机构发送当事人。职业病诊断鉴定过程应当如实记录,其内容应当包括:鉴定专家的情况;鉴定所用资料的名称和数目;当事人的陈述和申辩;鉴定专家的意见;表决的情况;鉴定结论;对鉴定结论的不同意见;鉴定专家签名;鉴定时间。

鉴定结束后,鉴定记录应当随同职业病诊断鉴定书一并由职业病诊断鉴定办事机构存档。职业病诊断、鉴定的费用由用人单位承担。

四、职业危害因素的种类

通常把在生产环境和劳动过程中存在的可能危害人体健康的因素,称为职业危害因素。职业病是指员工在生产劳动及其他职业活动中,接触职业危害因素而引起的疾病。

职业危害因素一般可以归纳为以下几个类型。

(一)工作过程中产生的有害因素

1. 化学因素

(1)生产性毒物。生产性毒物主要包括铅、锰、铬、汞、有机氯农药、有机磷农药、一氧化碳、二氧化碳、硫化氢、甲烷、氨、氮氧化物等。接触或在这些毒物的环境中作业,可能引起多种职业中毒,如汞中毒、苯中毒等。

(2)生产性粉尘。生产性粉尘主要包括滑石粉尘、铅粉尘、木质粉尘、骨质粉尘、合成纤维粉尘。长期在这类生产性粉尘的环境中作业,可能引起各种尘肺,如石棉肺、煤肺、金属肺等。

2. 物理因素

(1)异常气候条件。异常气候条件主要是指生产场所的气温、湿度、气流及热辐射。在高温和强烈热辐射条件下作业,可能引发热射病、热痉挛、日射病等。

(2)异常气压。高气压和低气压。潜水作业在高压下进行,可能引发减压病;高山和航空作业,可能引发高山病或航空病。

(3)噪声和振动。强烈的噪声作用于听觉器官,可引起职业性耳聋等疾病;长期在强烈振动环境中作业,会引起振动病。

(4)辐射线。辐射线是指在工作环境中存在的红外线、紫外线、X射线、无线电波,可能引发放射性疾病。

3. 生物因素

附着于皮毛上的炭疽杆菌、蔗渣上的霉菌等。

(二)工作组织中的有害因素

(1)工作组织和制度不合理。如不合理的作息制度等。

(2)精神(心理)性职业紧张。

(3)工作强度过大或生产定额不当。如安排的作业或任务与劳动者生理状况或体力不相适应。

(4)个别器官或系统过度紧张。如视力紧张等。

(5)长时间处于不良体位或使用不合理的工具等。

(三)生产环境中的有害因素

(1)自然环境中的因素。如炎热季节的太阳辐射。

(2)厂房建筑或布局不合理。如有毒与无毒的工段安排在同一车间。

(3)工作过程不合理或管理不当所致环境污染。

五、生产性毒物的危害及预防

（一）生产性毒物的产生

在生产过程中使用或产生的各种对人体有害的化学毒物称为生产性毒物。生产性毒物可能存在于生产过程的各个环节，生产中的原料、辅料、半成品、成品、副产品、废弃物等，都可能是生产性毒物的来源。

（二）生产性毒物对人体的危害

1. 毒物对人体危害的范围

生产性毒物可经皮肤、呼吸道或消化道进入人体，损害几乎所有的人体组织和器官，导致多种疾病甚至造成急性中毒死亡，而且有些可产生遗传后果。

（1）神经系统。慢性中毒早期常见神经衰弱综合征和精神症状，一般为功能性改变，脱离接触后可逐渐恢复，铅、锰中毒可损伤运动神经、感觉神经，引起周围神经炎。震颤常见于锰中毒后遗症或急性一氧化碳中毒后遗症。重症中毒时可引发脑水肿。

（2）呼吸系统。一次吸入某些气体可引起窒息，长期吸入刺激性气体能引起慢性呼吸道炎症，可出现鼻炎、咽炎、气管炎等上呼吸道炎症。吸入大量刺激性气体可引起严重的呼吸道病变，如化学性肺水肿和肺炎。

（3）血液系统。许多毒物对血液系统能够造成损害。根据不同的毒物作用，常表现为贫血、出血、溶血、高铁血红蛋白以及白血病等。铅可引起低血色素贫血。苯及三硝基甲苯等毒物可抑制骨髓的造血功能，表现为白细胞和血小板减少，严重者可发展为再生障碍性贫血。一氧化碳与血液中的血红蛋白结合可形成碳氧血红蛋白，使组织缺氧。

（4）消化系统。汞盐、砷等毒物经口进入人体时，可出现腹痛、恶心、呕吐与出血性肠胃炎。铅及铊中毒时,可出现剧烈、持续性的腹绞痛,并有口腔溃疡、牙龈肿胀、牙齿松动等症状。长期吸入酸雾,可导致牙釉质破坏、脱落,称为酸蚀症。吸入大量氟气,牙齿上将会出现棕色斑点,牙质脆弱,称为氟斑牙。许多损害肝脏的毒物如四氯化碳、溴苯、三硝基甲苯等,可引起急性或慢性肝病。

(5)泌尿系统。汞、铀、砷化氢、乙二醇等可引起中毒性肾病。如急性肾衰竭、肾病综合征和肾小管综合征等。

(6)其他。生产性毒物还可引起皮肤、眼睛、骨骼病变。许多化学物质可引起接触性皮炎、毛囊炎。接触铬、铍的工人,皮肤易发生溃疡,如长期接触焦油、沥青、砷等可引起皮肤黑变病,并可诱发皮肤癌。酸、碱等腐蚀性化学物质可引起刺激性眼炎,严重者可引起化学性灼伤。溴甲烷、有机汞、甲醇等中毒,可导致视神经萎缩,以至失明。有些工业毒物还可诱发白内障。

2. 职业中毒的类型

职业中毒是指在劳动生产过程中,由于接触生产性毒物而引起的中毒,称为职业中毒。

按接触毒物时间的长短、剂量大小和发病缓急的不同,职业中毒表现为急性、亚急性和慢性3种类型。

(1)急性中毒。短时间内大量毒物侵入人体引起的中毒称为急性中毒。

(2)慢性中毒。长期吸收小剂量毒物引起的中毒称为慢性中毒。

(3)亚急性中毒。介于急性中毒和慢性中毒之间的,在较短时间内吸收较大剂量毒物引起的中毒称为亚急性中毒。

3. 常见的职业中毒

常见的职业中毒包括以下几种。

(1)一氧化碳中毒。熔炼金属过程中,可发生一氧化碳中毒。

（2）苯中毒。喷涂所使用的油漆中含有苯，如果通风不良或无吸尘吸毒装置，容易造成苯中毒。

（三）预防措施

（1）消除毒物。从生产工艺流程中消灭有毒物质，用无毒物或低毒物代替有毒原料，改革能产生有害因素的工艺过程，改造技术设备，实现生产的密闭化、连续化、机械化和自动化，使作业人员脱离或减少直接接触有害物质的机会。

（2）密闭、隔离有害物质污染源，控制有害物质逸散。对逸散到作业场所的有害物质采取通风措施，控制有害物质的飞扬、扩散。

（3）加强个人防护。在存在有毒有害物质的作业场所作业，应使用防护服、防护面具、防毒面罩、防尘口罩等个人防护用具品及用具。

（4）提高机体抗御力。对于在有害物质作业场所作业的人员，应享受必要的保健待遇，并且作业人员应加强营养和锻炼。

（5）加强对有害物质的监测，控制有害物质的最高浓度，使之低于国家有关标准。

（6）对接触有害物质的人员定期进行健康检查。必要时实行转岗、换岗作业。

（7）加强对有毒有害物质及预防措施的宣传教育。建立健全安全生产责任制、卫生责任制和岗位责任制。

六、生产性粉尘的危害及预防

粉尘是长时间漂浮于空气中的固体颗粒。在生产过程中产生的粉尘称为生产性粉尘。

（一）生产性粉尘的产生

在生产过程中，产生粉尘的作业很多，主要有型砂调制、制型、铸件打箱和清理作业，机加工的打磨作业、焊接作业、煤传输和加热作业等。

(二)生产性粉尘的危害

1. 对人体的危害

长期接触生产性粉尘的作业人员,因吸入粉尘,使肺内粉尘的积累逐渐增多,当达到一定数量时即可引发尘肺病。尘肺是生产性粉尘对人体的最主要的危害之一,长期吸入游离二氧化硅粉尘可引发矽肺,长期吸入金属性粉尘如锰尘等,可引发锰肺等各种金属肺;长期接触生产性粉尘还可引发鼻炎、咽炎、支气管炎等呼吸道疾病以及皮肤黏膜损害、皮疹、皮炎、结膜炎。吸入有害物质粉尘还可引起急性或慢性职业中毒,例如,焊接作业长期吸入锰尘,可引发锰中毒;铅熔炼作业人员易引发铅中毒等。

2. 对生产的危害

作业场所空气中的粉尘附着于高级精密仪器、仪表,可使这些设备的精确度下降;附着于机器设备的传动、运转部位,会使磨损加剧,使设备使用寿命缩短;粉尘可以使某些化工产品、机械产品、电子产品,如油漆、胶片、微型轴承、电动机、集成电路等质量下降;使人在生产过程中视线受影响,降低工作效率。

3. 对环境的危害

漂浮于空气中的粉尘可使其他有害物质附着于其上,形成严重的大气污染。被生物体吸入可引起各种疾病;文物、古迹、建筑物表面会被腐蚀、污染。另外,大量粉尘悬浮于空气中,可降低大气的可见度,促使烟雾形成,使太阳的热辐射受到影响。

4. 对经济效益的影响

主要表现为使产品质量降低,产品合格率降低;因机器、设备使用寿命缩短,使固定资产投入增加,产品成本上升,市场竞争力减弱;使因粉尘而导致的职业病病人丧失工作能力,医药费用、护理费用、保健福利性费用支出增加;在高浓度粉尘作业场所工作,操作者对健康的担心会使心理负担加重,较之正常情况下较早地失去工作能力,使企业培养技术人员周期加快,培训费用投入增大,同时造成劳动生产率的不稳定。

(三)防尘措施

1. 工艺改革

以低粉尘、无粉尘物料代替高粉尘物料,以不产尘设备、低产尘设备代替高产尘设备是减少或消除粉尘污染的根本措施。

2. 密闭尘源

使用密闭的生产设备或者将敞口设备改成密闭设备,这是防止和减少粉尘外逸,减少作业场所空气污染的重要措施。

3. 通风排尘

设备无法密闭或密闭后仍有粉尘外逸时,要采取通风的方法,将产尘点的含尘气体直接抽走,确保作业场所空气中的粉尘浓度符合国家卫生标准。

4. 个人防护措施

在粉尘无法控制或在高浓度粉尘环境中作业时,必须合理、正确使用防尘口罩、防尘服等劳动防护用品及用具。

5. 卫生保健措施

定期对接尘人员进行体检,对从事特殊作业的人员应发放保健津贴,有作业禁忌证的人员不得从事接尘作业。

6. 维护检查

加强对在用的各种除尘设备的检查、维护,确保设备良好、高效运行。

七、生产性噪声的危害及预防

在生产中,由于机器转动、气体排放、工件撞击与摩擦等所产生的噪声称为生产性噪声。噪声对人体也会产生危害,从业人员在生产作业过程中会受到生产性噪声的侵害。因此,掌握一些噪声的知识,有利于保障从业人员的健康。

(一)生产性噪声的分类和危害

1. 噪声的分类

(1)空气动力性噪声。如各种风机噪声、燃气轮机噪声、高压排气锅炉放空时产生的噪声。

(2)机械性噪声。如织布机噪声、球磨机噪声、剪板机噪声、机床噪声等。

(3)电磁性噪声。如发电机噪声、变压器噪声等。

2. 噪声对人体的危害

(1)损害听觉。短时间暴露在噪声中,可引起以听力减弱、听觉敏感性下降为主要表现特征的听觉疲劳。长期在高强度噪声环境中作业,可引起永久性耳聋。

(2)引起各种病症。长时间接触高声级噪声,除会引起职业性耳聋外,还可引发消化不良、食欲不振、恶心、呕吐、头痛、心跳加快、血压升高、失眠等全身性病症。

(3)引起事故。强烈噪声可导致某些机器、设备、仪表的损坏或精度下降;在某些场所,强烈的噪声可掩盖警告声响,引起设备损坏或人员伤亡事故。

3. 产生噪声的主要场所

铸造车间、锻造车间、打磨车间、冲压车间等,这些车间的噪声一般都比较高,超过了85分贝。

(二)预防噪声危害的措施

1. 消声

控制和消除噪声源是控制和消除噪声的根本措施,改革工艺过程和生产设备,以低声或无声设备或工艺代替产生强噪声的设备和工艺,使噪声源远离工人作业区和居民区均是控制噪声的有效手段。

2. 控制噪声的传播

用吸声材料、吸声结构和吸声装置将噪声源封闭,防止噪声传播,常用的吸声装置有隔声墙、隔声罩、隔声地板、隔声门窗等。用吸声材料铺装室内墙壁或悬挂于室内空间,可以吸收辐射和反射的声能,降低传播中噪声的强度。常用的吸声材料有玻璃棉、矿渣棉、毛毡、泡沫塑料、棉絮等。合理规划厂区、厂房,在有强烈噪声的生产作业场所周围,应设置良好的绿化防护带,车间墙壁、顶面、地面等应设吸声材料。

3. 采取合理的防护措施

合理使用耳塞。根据耳道大小选择合适的耳塞,可使噪声声级降低 30~40 分贝,对高频噪声的阻隔效果更好。

合理安排工作时间。在工作中穿插休息时间,在休息时间离开噪声环境,限制噪声环境中的工作时间,均可减轻噪声对人体的危害。

4. 卫生保健措施

接触噪声的人员应进行定期体检。以听力检查为重点,对于已出现听力下降者,应加以治疗和观察,重患者应调离原工作岗位。就业前体检或定期体检中发现有明显的听觉器官疾病、心血管病、神经系统器官性疾病者,不得参加需接触强烈噪声的工作。

八、振动作业的危害及预防

在生产过程中,按振动作用于人体的方式,可将其分为局部振动和全身振动。有些工种所受的振动以局部振动为主,有些工种所受的振动以全身振动为主,有些工种作业则同时受两种振动的作用。局部振动是生产中最常见和危害性较大的振动。

（一）生产性振动源及其危害

1. 生产性振动源

在生产过程中，由于设备运转、撞击或运输工具行驶等产生的振动称为生产性振动。生产过程中经常接触的振动源有以下几种。

（1）捶打工具。如锻造机、冲压机、空气锤等。

（2）电动工具。如电钻、冲击钻、砂轮、电锤等。

2. 生产性振动对人体的危害

（1）局部振动对人体的危害。

①神经系统。表现为大脑皮层功能下降，条件反射潜伏期延长或缩短，皮肤感觉迟钝，触觉、温热觉、痛觉、振动觉功能下降等。

②心血管系统。出现心动过缓、窦性心律不齐、传导阻滞等病症。

③肌肉系统。出现握力下降、肌肉萎缩、肌纤维颤动和疼痛等症状。

④骨组织。可引起骨和关节改变，出现骨质增生、骨质疏松、关节变形、骨硬化等病症。

⑤听觉器官。表现为听力损失和语言能力下降。

（2）全身振动对人体的危害。全身振动常引起足部周围神经和血管变化，出现足痛、易疲劳、腿部肌肉触痛等病症。还常引起脸色苍白、出冷汗、恶心、呕吐、头痛、头晕、食欲不振、胃机能障碍、肠蠕动不正常等病症。

（二）防止振动危害的措施

1. 局部振动的减振措施

（1）改革工艺。用液压机、焊接和高分子粘连工艺代替铆接工艺，用液压机代替锻压机等可以大大减少振动的发生源。

（2）改革工作制度，专人专机，合理使用减振劳动防护用品。

（3）建立合理的劳动制度，限制作业人员每日接触振动的时间。

2. 全身振动的减振措施

（1）在有可能产生较大振动设备的周围设置隔离地沟，衬以橡胶、软木等减振材料，以确保振动不外传。

（2）对振动源采取减振措施，如用弹簧等减振阻尼器，减小振动的传递距离；给汽车等运输工具的座椅加泡沫垫等，以减弱运行中由各种振源传来的振动。

（3）利用尼龙机件代替金属机件，可降低机器的振动。

（4）及时检修机器，可以防止因零件松动而引起的振动，消除机器运行中的空气流和涡流等也可减小振动。

九、高温作业的危害及预防

工作地点气温在30℃以上、相对湿度为80%以上的作业，或工作地点气温高于夏季室外通风设计气温2℃以上，且伴有强烈热辐射的作业，均属于高温强热辐射作业。

（一）高温作业及对人体的危害

1. 高温源

在机械制造行业的某些生产工艺中，由于需要提供热源才能生产，因此，产生了高温作业。产生高温的作业场所有：铸造车间、锻造车间、热处理车间。

2. 高温作业对人体的危害

（1）对循环系统的影响。高温作业时，皮肤血管扩张，大量出汗使血液浓缩，易使心脏活动增加、心跳加快、血压升高、心血管负担增加。

（2）对消化系统的影响。高温对唾液分泌有抑制作用，并可使胃液分泌减少，胃蠕动减慢，造成食欲不振；大量出汗和氯化物的丧失,也可使胃液酸度降低,易造成消化不良。此外,高温可使小肠的运动减慢,形成其他胃肠道疾病。

(3) 对泌尿系统的影响。高温下,人体的大部分体液由汗腺排出,从而使尿液浓缩,肾脏负担加重。

(4) 神经系统。在高温及热辐射作用下,肌肉的工作能力,动作的准确性、协调性、反应速度及注意力均会降低。

(二) 防暑降温的主要措施

1. 宣传教育

教育员工遵守高温作业安全规程和卫生保健制度。

2. 制定合理的劳动休息制度

高温下作业应尽量缩短工作时间,可采取实行小换班、增加工作休息次数、延长午休时间等方法。休息地点应远离热源,并应备有清凉饮料、风扇、洗澡设备等。有条件的可在休息室安装空调或采取其他防暑降温措施。

3. 改革工艺过程

合理设计或改革生产工艺过程,改进生产设备和操作方法,尽量实现机械化、自动化、仪表控制,消除高温和热辐射对人体的危害。

4. 隔热

以水隔热效果最好,能最大限度地吸收辐射热。利用石棉、玻璃纤维等导热系数小的材料包敷热源也有较好的隔热效果。

5. 通风

利用自然通风或机械通风的方法,交换车间内外的空气。

6. 供给含盐饮料

在高温作业时,作业人员要饮用足量合乎卫生要求的含盐饮料,以补充人体所需的水分和盐分。

7. 发放保健食品

高温环境下作业,能量消耗增加,应相应地增加蛋白质、热量、维生素等的摄入,以减轻疲劳,提高工作效率。

8. 加强个人防护

高温作业的工作服应结实、耐热、宽大、便于操作,应按不同作业需要,及时供给工作帽、防护眼镜、隔热面罩、隔热靴等。

9. 医疗预防

高温作业人员应进行就业前和入暑前体检,凡患有心血管疾病、高血压、溃疡病、肺气肿、肝病、肾病等疾病的人员不宜从事高温作业。

十、电磁辐射的危害及预防

(一)电磁辐射的分类

电磁辐射以电磁波的形式在空间向四周传播,具有波的一般特征。电磁辐射的波谱很宽,按其生物学作用的不同,分为非电离辐射和电离辐射。

(1)非电离辐射。包括紫外线、可见光、红外线、激光和射频辐射。

(2)电离辐射。包括 X 射线、γ 射线等。波长越短,频率越高,辐射的能量越大,生物学作用越强。

(二)电磁辐射的危害

1. 非电离辐射

(1)射频辐射。一般来说,射频辐射对人体的影响不会导致组织器官的器质性损伤,主要引起功能性改变,并具有可逆性特征。在停止接触数周或数月后往往可恢复,但在大强度长期辐射作用下,对心血管系统的症候持续时间较长,并有进行性倾向。微波作业对健康的影响是出现中枢神经系统和植物神经系统功能紊乱,以及心血管系统的变化。

(2)红外线。红外线能引发白内障,灼伤视网膜。其影响在电气焊、熔吹玻璃、炼钢等作业工人中多有发生。红外线引起的职业性白内障已列入职业病名单。

(3)紫外线。强烈的紫外线辐射作用可引起皮炎,表现为弥漫性红斑,有时可出现小水疱和水肿,并有发痒、烧灼感。皮肤对紫外线的感受性存在明显的个体差异。除机体本身因素外,外界因素的影响会使敏感性增加。例如,皮肤接触沥青后经紫外线照射,能产生严重的光感性皮炎,并伴有头痛、恶心、体温升高等症状,长期受紫外线作用,可发生湿疹、毛囊炎、皮肤萎缩、色素沉着,甚至可诱发皮肤癌。作业场所比较多见的是紫外线对眼睛的损伤,即电光性眼炎。

(4)激光。激光对人体的危害主要是它的热效应和光化学效应造成的。激光对健康的影响主要是对眼部的影响和对皮肤造成损伤。被机体吸收的激光能量转变成热能,在极短时间内(几毫秒)使机体组织局部温度升得很高($200 \sim 1\ 000\ ℃$)。机体组织内的水分受热时骤然汽化,局部压力剧增,使细胞和组织受冲击波作用,发生机械性损伤。

眼部受激光照射后,可突然出现眩光感,视力模糊,或眼前出现固定黑影,甚至视觉丧失。

2. 电离辐射

电离辐射又称放射线,是一切能引起物质电离的辐射的总称。人体在短时间内受到大剂量电离辐射会引起急性放射病。长时间受超剂量照射将引起全身性疾病,出现头昏、乏力、食欲消退、脱发等神经衰弱症候群。受大剂量照射,不仅当时机体产生病变,而且照射停止后还会产生远期效应或遗传效应,如诱发癌症、后代患小儿痴呆症等。

电离辐射引起的职业病包括:全身性放射性疾病,如急、慢性放射病;局部放射性疾病,如急、慢性放射性皮炎及放射性白内障;放射所致远期损伤,如放射所致白血病。

列为国家法定职业病的有急性、亚急性、慢性外照射放射病,外照射皮肤疾病和内照射放射病、放射性肿瘤、放射性骨损伤、放射性甲状腺疾病、放射性性腺疾病、放射性复合伤和其他放射性损伤11种。

（三）电磁辐射的防护

1. 非电离辐射的防护

（1）对高频电磁场的防护,可以用铝、铜、铁等金属屏蔽材料来包围场源以吸收或反射场能。

（2）对微波的防护,通常是敷设微波吸收器。同时,根据微波发射具有方向性的特点,作业人员的工作位置应尽量避开辐射流的正前方。

（3）对激光的防护,应将激光束的防光罩与光束制动阀及放大系统截断器联锁。同时,激光操作间采光照明要好,工作台表面及室内四壁应用深色材料装饰,室内不宜放置反射、折射光束的设备和物品。

2. 电离辐射的防护

（1）凡是接触电离辐射的新工人,一定要加强放射卫生防护的上岗培训。

（2）在保证应用效果的前提下,尽量选用危害小的辐射源或者封隔辐射源,提高接收设备灵敏度以减少辐射源的用量。

（3）采取包括屏蔽、加大接触距离、缩短接触时间等技术措施预防外照射危害。

（4）采用净化作业场所空气等办法,尽量减少或杜绝放射性物质进入人体内,避免造成内照射危害。

（5）佩戴并正确使用防护用品,主要是穿铜丝网制成的防护服,戴防护眼罩等。

第五章　提高新型职业农民安全意识

第一节　农村防火安全常识

一、农村火灾

（一）农村火灾预防特殊性

农业生产产生的可燃物料多，农村建房可燃木料多，农村居民区缺少火灾消防系统，农村距城市专业消防队遥远，由此可知，农村的火灾事故风险比城市高得多，农村的火灾防范比城市更紧迫。

（二）做饭的燃料堆放应注意的事项

有些地方用柴烧火做饭，柴的停放必须要远离灶台，且要注意放置数量不要太多。做完饭后应当检查，看柴堆周围是否遗留火种；有些地方用煤烧火做饭，如果在露天堆放煤，不要堆太多且应当远离建筑物，以免煤自燃起火。

（三）怎样防止稻草堆和粮食自燃

粮食和稻草堆都是可以自燃的。粮食和稻草自身湿度受到水分的影响较大。在湿度较高的条件下，会发生霉变，逐渐由化学反应产生蓄热，最后达到自燃点，引起粮食和稻草自身燃烧。同样，麦秆、烟草等也会自燃，所以要经常通风、翻晒，在阴雨天后尤其必要。

（四）防止沼气爆炸和火灾应该注意的事项

（1）沼气池经装料后，在检查是否产生沼气，点火试验时必须在离池较远的出气管口进行,千万不能在池顶导气管口直接点火。

(2)在正常使用时,不要在导气管上或进出料口直接点火,并要教育小孩千万不要在沼气池边玩火,以免产生回火,引起爆炸。

(3)出渣或检修时,可用手电筒照明,绝不能携带马灯、蜡烛、煤油灯等入池。严禁在池内吸烟,以防点燃池内残存的沼气,引起爆炸和烧伤事故。

(4)在沼气灯、沼气炉附近,不要堆放柴草等易燃物品。沼气灯要和屋顶(特别是草房、木屋)保持一定的距离。

(5)使用沼气炉时要先点火后开气,以免沼气聚积后猛一点火,引起火灾和烧伤。

(6)沼气使用完毕,要关紧开关。嗅到室内有臭鸡蛋味时,应立即打开窗户,检查有无漏气。若发现漏气时,室内绝不能有明火,并应及时修理、堵漏。

(7)一旦发生火灾,不要慌张,扑火的同时,应镇定地先去拔掉室外输气导管,立即切断沼气来源。

(五)公路上晒麦秸、稻草对车辆行驶的影响

行驶中的车辆排气管喷出的火星,遇到麦秸、稻草等可燃物后会引起着火,或者草料被车辆底盘的螺丝、轮轴缠绕时,也会因高温而迅速起火并蔓延,严重时甚至会烧毁车辆。

(六)祭祖、办丧事用火应当注意的问题

应提倡文明祭祖、办丧事,尽量不要为这类活动动火。如果一定要用火,则应当站到上风方,避免火焰伤人;用完火后应当将火灰就地掩埋,避免火灰复燃。

二、火灾事故预防

(1)生火取暖和夏季点蚊香时,应注意防火。

(2)扫墓祭祖不可烧纸箱、烧香,以防发生火灾。

(3)养成良好的生活习惯,不能随意乱扔未熄灭的烟头和其他火种;不能在酒后、疲劳状态和临睡前躺在床上或沙发上吸烟。

(4)外出和临睡前应关闭电器、燃气炉具,熄灭火源。

(5)节庆时,应按规定安全燃放烟花爆竹,不能随意让儿童燃放烟花爆竹;也不要让儿童玩火。

三、农村房屋火灾发生的一些特点

随着农村经济的迅猛发展,农民生活水平显著提高,村镇产业结构已呈多元化发展趋势,农村建筑形式和规模都发生了巨大变化,纵观全国农村火灾尤其是时有发生的重特大火灾事故所造成的人员伤亡和财产损失,惨不忍睹。

(一)房屋耐火等级低,易造成火势蔓延快

一些农村特别是经济欠发达地区,由于受自然条件、地理环境、经济条件的限制,房屋建设总体无规划,无防火设计,建房随意性大,住宅砖瓦结构较少,大多房屋建筑耐火等级低,多系土木、砖木、石木结构,门窗多由木质材料制成,屋顶大部分由木材、板皮、油毡等可燃材料搭建而成,屋内多用纸张抹灰吊顶,并且房前屋后大多堆有柴草,造成室内外可燃物相连,建筑物之间的距离小,有的连接在一起,一旦发生火灾,容易蔓延扩大,火借风势,即燃即塌,易造成火烧连营的局面。

(二)建筑主体破坏快,易造成火灾危险多

由于农村居民房之间的建筑间距小,发生火灾后,火势容易蔓延到其他房屋,形成火烧连营的局势,一旦建筑燃烧时间长,房屋的主体结构易发生破坏,易出现倒塌、落顶危险,人员进入火场抢救财物和进行灭火危险性多。

(三)农民报警意识弱,易造成火灾损失大

由于郊区通信条件相对较差、电话少,在家里的多为老人,发现火情比较晚,一些村民遇有火灾时,不及时报警,先自己扑救,等到火灾无法控制时才想到报警,报警时心情过度紧张,由于方言等原因情况对起火地点、火灾性质、消防车行进路线说不清楚,这样延误了消防部队出动时间,造成火势一时无法控制,导致火灾损失大。

(四)道路通行能力差,易造成灭火救援慢

目前,虽然村村通公路,但是一些房屋位于山高、路远、道路弯曲、狭窄的山坡上,远离公路,道路狭窄,潜在危险多,民房一旦发生火灾,消防部队无法在短时间、近距离赶赴现场扑救,错过了扑救初起火灾的最佳时机,到达火灾现场时往往火灾已蔓延开来或者已发展至猛烈燃烧或熄灭阶段。甚至个别村庄根本就没有路,消防车都进不去,无法直接到达火灾现场,需要徒步进火场救火。

(五)农村消防水源少,易造成火场供水难

一些农民居住在崇山峻岭中,村庄无消防设施和消防用水,虽有较大的山塘、水库而不缺水,但由于地势险峻,消防车无法取水,远水救不了近火。

消防车带的水是有限的,与救火所需用水量相比,简直是杯水车薪,在实际灭火战斗中,往往出现供水不足,消防官兵只能望火兴叹。

(六)农村无消防组织,易造成灭火力量弱

处于山区的一些乡镇经济条件较弱,农民群众外出务工较多,尚未有任何形式的消防组织。同时随着农村企业大量的改制转轨,绝大部分企业已转为私营性质,导致许多企业的消防管理组织被撤销,即使少数单位保留的消防人员也基本是兼职人员。有的地方甚至尚未有任何形式的消防组织。同时,家中只留老人和小孩,虽有人却无力及时扑灭初起火灾。等消防部队赶到一般要1个小时左右,已经错过了最佳扑救时间,大部分都是到场清理余火。

（七）村民灭火常识少，易造成灭火速度慢

发生火灾后，当地居民普遍缺乏消防知识，无救火经验，手忙脚乱，不知道该如何处理初起火灾，采用截然不同的方法灭火，往往不能将火灾在初期阶段扑灭。而等消防车到场后，由于居民不懂灭火的相关知识，又想尽快地配合消防队开展灭火工作，会发生抢水带和水枪的情况，造成灭火工作开展缓慢。

四、农村防火十不准

（1）不准点"无人灯"，烧"无人火"和无人看管时烘烤衣物。

（2）不准用塑料等导电物包接电线，必须用绝缘布，凡老化或裸露的电线应及时更换。

（3）不准在灶边堆放易燃物。

（4）不准在村寨内烧灰积肥。

（5）不准乱接乱挂电线，电路熔断，不能用钢、铁、铝丝代替保险丝。

（6）不准违规乱搭乱建。

（7）不准损坏和挪用消防设施。

（8）不准乱丢烟头，不躺在床上吸烟。

（9）不准孩子玩火、烧火和在易燃物周围燃放烟花爆竹。

（10）不准在晚上用明火长时间照明和寻找物品。

第二节　农业机械使用常识

一、掌握识别优劣农业机械的知识

农业机械销售员只有掌握了识别优劣农业机械的知识，才能做好农业机械销售工作。这里介绍一些在购买农业机械时应该注意的事项和简单的识别方法。

（1）购买实行"三包"的农业机械。为了保护使用者的利益，农机行业管理部门一般对农业机械产品都要求实行"三包"制度（包修、包换、包退），即购买的农业机械产品质量不合格时，可以更换或退货，购买后在包修期内损坏予以免费修理，属于使用者责任应付更换零部件的费用。所以购买农业机械要到正规的农业机械销售地方去买，不能图便宜买个人推销的产品，以免出现产品质量问题后无法处理。不能购买那些无生产厂家名称地址、无铭牌标志、无合格证明的三无产品。

（2）购买有说明资料的农机产品。农业机械合格产品一般都附带有文字资料，其中包括产品的构造、工作原理、使用保养说明书，生产厂家产品检验鉴定资格证明，产品的三包承诺文字资料等。这些资料是将来使用操作农业机械和因产品质量产生损坏时处理的有力依据，不能可有可无。有些农业机械还应提供 1～2 年内经常容易磨损损坏的易损件，以及在保养、安装、修理过程中的特殊专用工具。

（3）凭实际经验分辨。在衡量农业机械产品质量时，从外部观察也可以看出产品的质量好坏。对农业机械的一般要求如下。

①整台农业机械没有变形，一般从垂直和水平两个角度用肉眼观察产品的各部分。

②各处零部件完整无缺。

③产品的涂漆部分不能有缺漆的地方，铁质材料的底漆必须用防锈漆。

④埋头螺钉和沉头螺钉应与固定零件的平面齐平，如果不妨碍正常工作，允许有少量凸出。

⑤非调整性的螺钉或螺杆应用油浸后拧紧，螺杆有螺纹一端露出螺母平面的外边至少有两个螺扣，但不能超过 10 毫米。

⑥所有非调整螺钉、螺栓、螺母都应确定拧紧，并按规定的锁紧办法（锁定螺母、开口销、铁丝、垫圈等）锁紧。

⑦不能用铁丝或铁钉代替开口销使用。

⑧装有燃油、润滑油、药液、水等液体的容器、管道、接头等处严密,不能有渗透、泄漏的地方;气动装置的容器、管道、接头等处不能漏气。

⑨农业机械的所有调整、润滑部分确切可靠。

⑩农业机械的所有转动、传动和操纵装置运转灵活,无卡滞的地方。

(4)购买有安全防护装置的农业机械。一般在机械传动、转动的地方,如皮带、链条、齿轮、旋转轴、万向接头等地方,为了防止使用者的衣物被缠绞进去,都应安装防护罩。在切削、打击部位,如铡草机的切刀、粉碎机的锤片、物料喂入口,必须有能阻止使用者操作不慎时手臂随物料喂入的安全挡板和快速停机装置。一些压力容器,为防止超过工作压力后发生爆炸,必须装有安全阀门,使之能在超过一定压力时自动卸压排放。

(5)重点检查主要零部件。不同种类型号的农业机械都有不同的关键零部件,它们的质量好坏,对全机的工作性能起着决定性作用,在购买农业机械时要作重点检查。例如,对于耕地、整地、播种、收获等农业机械,犁铧、犁刀、耙片、开沟器、切割器等就是其关键零部件,一般都要求用规定的材质制造,而且需要经过热处理加工,有一定的硬度、韧性和耐磨性。经过热处理的零件不能有变形或裂纹,用金属物敲击时,没有闷哑破裂的声音。切削刀具的刃口应锋利,厚度在规定的要求范围内,如犁铧的刃厚不大于1毫米;圆犁刀的刃厚为0.3~1.0毫米;直径小于560毫米的圆盘耙片,刃厚应为0.3~0.8毫米;收割机的刀片,光刀刀片刃口厚度不大于0.1毫米,齿纹刀片刃口厚度不大于0.15毫米。

对于一般零件的检查,要注意木制零件和橡胶制品是否老化,老化的橡胶制品丧失应有的弹性并出现碎小的龟形裂纹;金属零件要注意它的加工质量、表面光洁度以及与其相关零件的配合等状况。

(6)购买时当场试验。直观检查只是看到农业机械的外表部分质量,许多零部件的质量好坏只有通过试验、使用才能发现,因此在选购农业机械时,能够当场试验的就要当场试验检查。其试验方法与检查部位因不同农业机械而不同。一般动力机械,应通过试验了解它的起动性能(是否容易、方便)、工作性能(可用声音和排气状态鉴别)等。机动喷雾机,应通过试验了解它的液泵(能否达到规定压力)、安全阀(超过工作压力时打开)、管道与接头(是否有泄漏)等工作状况。对于高速旋转的农业机械,要特别注意它的动平衡情况,机械正常运转时应平稳,无异常的摩擦、撞击声音,无周期性的振动。运转后的农业机械,同时检查轴承等处有无过热的地方。

二、农业机械的选购

农业机械的种类很多,有一般田间作业的耕地、整地、播种、收获、水利工程、排灌、植物保护、农副产品加工等机械,也有各种经济作物的特殊用途机械,每种机械又有不同的型号、规格、标准,共计上千个。怎样才能恰当地选购你所需要的农业机械呢?这里不便逐个介绍,只综合起来考虑应该注意以下几个方面。

(1)了解农机的性能。一般购买农业机械的农民都有使用过这种或那种农业机械的经历,具有一定程度的机械常识,要买一种新的农业机械时,必须知道这种农业机械的构造、工作原理、使用操作特点和保养、保管方法,因此首先要教给农民看懂该机械的说明书,然后再对照实物观察检验。只有确实地熟悉掌握了该机械的情况,才能和同类型的农业机械比较、选择。

(2)正确选择农机型号。选择型号主要是使机械的性能满足生产中的需要。例如,购买抽水灌溉的水泵时,水泵必须满足工作中的扬程(米)和流量(吨/小时)的需求。扬程、不够抽不上水,水量不足达不到生产需要,在符合扬程和水量的范围内,再根据当地的水源情况、动力配套、经济效果等方面,确定用离心泵还是轴流泵、混流泵、潜水电泵或者是深井电泵。在购买耕地机械时,一般地区可以购买普通铧式犁;如果小块坡地作业,最好买可以两面翻土的双向铧式犁,它比普通一面翻土的铧式犁使用方便、作业质量好;如果是在菜园地使用,则买旋耕机更实用些。

(3)要与动力机配套。主要是指动力机的功率和转速要满足配套机械的需要。功率是做功的能力,常用千瓦(kW)表示;转速是动力机动轴的旋转速度,常用转/分(r/min)表示。一般小型动力机的功率,电动机应为配套农业机械所需功率的1.05~1.3倍,内燃机应为配套农业机械所需功率的1.3~1.5倍,过大则大马拉小车浪费能量,过小则带不动或超负荷损坏动力机。转速相同时,配套农业机械可以直接安装使用;转速不一致时,为满足使用要求,必须改装传动设备,这要增加许多费用。

如果事先已经买过一些动力设备,就应该充分发挥已有动力机的作用,在购买新的农业机械时,要尽量考虑能够与原有动力机配套。除特殊需要外,一般不要每种机械都单独配一种动力机,这样花费成本太多,管理也不方便。在固定机组中,电动机可以在发挥75%~100%的额定功率范围内通用;具有全制式调整器的柴油机,可以在它调整范围内降低转速和功率使用。对于拖拉机,如果已经有四轮拖拉机,就应该尽量购买悬挂农具配套,没有悬挂农具可以买牵引农具;如果是手扶拖拉机,则只能买与手扶拖拉机配套的农业机械。

(4)农机使用性能好。农业机械不仅在生产季节天天用、时刻不离手,而且还接连使用许多年,所以操作是否方便,安装、保养以及更换备件是否容易,都是要考虑的。否则干起活来蹩手蹩脚,使用者容易劳累,影响工作效率,也容易产生事故。例如使用有液压装置的悬挂犁和牵引式犁同样耕地作业时,前者较后者少用一个农具手,避免了地头起落犁的紧张配合作业,而且地头转弯和悬空行程也大大减少。

(5)产品质量合格。产品质量直接关系到农业机械的工作可靠程度和使用寿命。随着当前农业发展对农业机械产品的大量需求,也出现了一些粗制滥造的产品,给使用者带来不应有的损失,不仅损坏机械,而且会造成人身伤亡。所以,在选购农业机械时,应购买已经鉴定定型(部或省、市级)的产品,特别是那些经过评选的获奖产品,不要购买未经任何部门鉴定定型的产品。

(6)零配件供应有保障。任何机械在使用过程中都会出现正常的磨损,也可能因为意外的事故而损坏,有些是需要经常修理更换的易损零件。因此,在购买农业机械时,要了解当地对该型农业机械的修理能力和零件、配件的供应情况,不要买那些没有零件、配件供应保障又无法修理的农业机械。一般应该优先购买本省、本地区生产的定型产品。

三、农业机械的保养

有人说:机械不是用坏的,而是放坏的。这种说法也是有一定根据的。由于农业生产的季节性和农业机械工作的局限性,一种农业机械在一年中只能完成一种或几种作业项目,而且只工作很少一段时间,大部分时间是处于停放保管状态。例如,在一年一季作物的北方,犁一年只用60天左右,播种机、谷物联合收割机只用10~20天时间。一般农业机械又不像工业机械在库房内保管,而经常是放在露天场地,遭受风吹、日晒、雨淋等侵蚀。农业机械的金属制品在潮湿、酸或碱性气体的作用下,被氧化锈蚀;橡胶或塑料制品受空气中的氢和阳光紫外线作用后,将会老化;木制的零件由于微生物的作用将腐朽,或因日晒、雨淋、风干而变形。有许多零件表面看起来还很好,可是里面已经"烂"了(特别是一些铝制零件),使用起来很容易损坏,人们还常以为是使用坏了,实际上是没有保管好而造成的。

经过科学的试验测定了解到,在不同的保管条件下,金属机械零件的损失程度是有很大差别的,一般露天保管比室内保管多损失 1~1.5 倍,而在泥地上又比木板上多损失 1~1.5 倍,因此要十分重视农业机械的保管工作。保管农业机械时要注意以下几个方面。

(1)保持农业机械的清洁。在田间作业完毕后,必须清除外部泥垢,清理工作机械内的种子、化肥、农药或植物残株,必须用水或油清洗后擦干。清洗各润滑部位,并重新进行润滑。对所有摩擦表面,如犁铧、犁壁、开沟器、锄铲等,必须拆擦净后涂机油贴纸,以减少与空气接触的机会。

(2)搞好农机的保管。复杂、精密的农业机械,最好放在阴凉、干燥、通风的室内保管;对犁、耙、镇压器、中耕机等简单农业机械,可以在露天保管,但最好能搭棚遮盖;凡是与地面直接接触的零件,都应垫上木板;脱落的防护漆要重新涂好。

(3)搞好农业机械保护。农业机械上的弹簧必须放松,各零件不允许承受额外的压力。易腐蚀或易损坏的零部件,如输种管、链条、犁刀、锄铲、橡胶制品等,都应拆下来放在室内保管,保管时要防止变形和挤压。为防止腐蚀、变形、老化,木质零件应涂漆,橡胶制品可以涂石蜡。

第三节 农机具的正确使用与维护保养

一、铧式犁的技术保养与故障排除

正确进行技术维修是充分发挥犁的工作效能,保证耕地质量,延长使用寿命,提高作业效率的重要措施之一。铧式犁构造简单,保养主要有以下 5 个方面。

(1)定期清除黏附在犁体工作面、犁刀及限深轮上的积泥和缠草。

(2)每班工作结束后,应检查犁体圆犁刀及限深轮等零部件的固定状态,拧紧所有的松动的螺母。

(3)对圆犁刀、限深轮及调节丝杆等需要润滑处,每天要注润滑脂1~2次。

(4)定期检查犁铲、犁壁、犁侧板及圆犁刀的磨损情况,必要时进行修理或更换。

(5)每个阶段的工作完毕后,应进行全面的技术状态检查,如果发现问题,需及时更换、修复磨损或变形的零部件。

二、旋耕机的保养

(一)班保养

一般情况下,每班作业后应进行班保养。内容包括:清除刀片上的泥土和杂草,检查插销、开口销等易损件有无缺损,必要时更换;向各润滑油点加注润滑油,并向万向节处加注黄油,以防加重磨损。

(二)季度保养

每个作业季度完成后,应进行季度保养。内容包括:彻底清除机具上的泥尘、油污;彻底更换润滑油、润滑脂;检查刀片是否过度磨损,必要时换新;检查机罩、拖板等有无变形,若有应恢复原形或换新;全面检查机具外观,补刷油漆,弯刀、花键轴上应涂油防锈;长期不使用时,轮式拖拉机配套旋耕机应置于水平地面,不得悬挂在拖拉机上,以防连接部位变形失效。

三、深松机的维护与保养

土壤深松的作业周期,根据土壤条件和机具进地强度而定,一般2~4年深松一次即可。深松作业完成以后,长期存放前,应将深松机清洗干净。用支架将机具支撑牢固,卸下限深轮,打开轴承盖,在限深轮轴承孔内填充黄油,再将限深轮安装回原位,在刀面上涂防锈油。

深松机的一般故障排除及维修方法如下。

(一)松深不够

深松机组在作业中,其松土深度未达到既定的标准或未打破犁底层,称为松深不够。由于多年同层犁耕而积成坚硬的犁底层未被耕松,作物根系扎不进去,影响作物生长。

1. 检查方法

在深松机组作业中或深松作业结束后,选择具有代表性的地段,垂直犁耕方向,将整个耕幅的松土层挖出剖面5~6处,分别测量松土深度,求其平均值,即为实际深松深度。

2. 产生原因

(1)松土部件和升降装置技术状态不良。

(2)松土装置安装不正确或调节不当。

(3)土层过于坚硬,松土铲刃口秃钝或挂结杂草,不易入土。

(4)土壤阻力过大,拉不动;拖拉机超负荷作业。

3. 解决方法

(1)在深层松土作业前,应深入田间进行调查研究,用铁锹挖土壤剖面,观察和分析土壤耕层的状态和测定犁底层,然后确定适宜的松土深度。

(2)认真检修松土装置,正确安装松土铲及其控制升降的情况下,松土铲的入土角均不改变。起犁时松土铲铲尖应高于大犁铧的支持面;落犁时大犁铧应先接触地面,以免松土铲的铲尖受冲击面折断。

(3)为了保持松土铲入土能力及其在垂直面上的稳定性,应使松土铲的支持面对土地的水平面稍有倾斜,松土铲的铲尖低于翼部10毫米。铲尖磨损时,应取其大值,使倾斜角大些。

(4)根据深层松土的阻力,正确编组机引犁的铧数,切实掌握松土深度,不能因拖拉机功率小而减少松土深度。

（5）作业中，应经常检查和磨锐松土铲刃口，使其锋锐易入土，减轻阻力。当发现松土铲挂草和黏土过多时，应立即清除。

（二）松深不均

深松机机组在整个地块作业中，地中、地头、地边和地角的深度不一致，有深有浅，从而影响深层松土的质量。

1. 检查方法

在机组作业中或整个地块结束后，按对角线的方法，选择具有代表性的6~9个点，以较平坦的地段做为测点，沿耕幅方向剖开土壤断面至松土最大深度，观察和测量最深、最浅和平均的松土深度。

2. 产生原因

（1）机组作业人员对地头、地边、地角的深层松土的意义认识不足。

（2）个别松土部件变形或安装不标准，松土铲铲尖倾斜，入土角度过大。

（3）深松机架和松土装置升降机构变形或牵引架垂直调整不当。

（4）深松部件的深浅和水平调整不当。

3. 解决方法

（1）作业前，必须认真检修好深松机架、深松部件及升降机构，确保技术状态良好。在安装松土装置时，应考虑到各杆件连点的游动间隙。松土铲末端在铲尖以上的总高度不得超过15毫米，铲底要平整。

（2）正确调整深松机的垂直牵引中心线，使前后机架和松土铲保持平衡作业，防止松土铲的入土深度不均。

（3）根据土质、地形及时调整机具的深浅和水平调节舵轮。做到各松土铲入土深度一致和地头、地边、地角和地中一样。

(三)土层搅乱

在犁耕作业同时进行深层松土的犁铧和松土铲或无壁犁的松土部件,将上层和下层的土壤搅动混乱,使表土和心土掺合在一起,使未经过风化的心土掺和在一起,翻搅到上层过多,影响作物的生长。

1. 检查方法

在已深松过的土地上,选择具有代表性的地段做为测点,沿其耕幅方向将上层剖开,仔细观察并测量松土层与耕翻层和上层表土与下层心土掺和的程度。

2. 产生的原因

(1)松土铲入土倾角过大或犁铧安装过近。
(2)犁铧翻土性能差或松土铲柄上挂结杂草。
(3)土壤干涸,使上翻土层和下松土层土块过大。
(4)犁铧或松土铲堵塞后未及时清理。

3. 解决方法

除保证犁铧和松土铲技术状态良好外,还应做到以下几点。

(1)作业前,要正确安装松土铲,使铲尖与犁铧尖之间的距离不得小于500毫米。否则松土铲掘松的心土会触及前面犁铧,搅乱上下层土壤,容易产生倾角过大。

(2)在土壤干涸的地块内,不应采用无壁犁进行深松土作业。

(3)在深松作业中,当发现犁铧、松土铲和铲柄挂结杂草时,应立即停车清理。

四、微耕机保养维护

(一)每天保养

(1)检查燃油箱的燃油、发动机的机油和传动箱的齿轮油,若是水冷式发动机,还要检查水箱中的冷却水。

(2)检查并调整皮带松紧度。

(3)清除表面油污、泥土及杂草等。

(4)检查并紧固各部连接螺栓及轴销。

(二)定期养护与维修

农闲时应对微耕机进行定期检查,这样在农忙时就可以确保机械以最佳状态进行作业,充分发挥其机械效能。

(1)发动机润滑油更换。第一次使用20小时后更换,以后每100小时更换1次。

(2)行驶变速箱油更换。第一次使用50小时后更换,以后每200小时更换1次。

(3)燃油滤清器清扫。每500小时清洗1次,1 000小时后进行更换。

(4)转向把手。间隙1~3毫米,操纵手柄活动灵活。

(5)主离合器操纵手柄。检查调节皮带和皮带押间隙3~6毫米。

(6)副变速操纵手柄。副变速软轴拉线的间隙量0毫米。

(7)车胎气压。1.2千克/平方厘米。

(8)各联接框螺栓。紧固。

(9)空气滤清器清扫。轴承油0.11升。

(三)入库与贮放保养

微耕机长期不使用,须按下述步骤操作入库。

(1)发动机低速运转5分左右停止。

(2)乘发动机还热时把润滑油放干,更换新油。

(3)取出气缸盖上的橡皮塞,注入少许机油,减压操纵杆放在无压缩的位置,拉反冲式起动手柄2~3次(但不能起动发动机)。

(4)减压手柄放在压缩位置,慢慢拉出反冲起动手柄,放在压缩位置停止。这样,吸排气门是关闭的,湿气不会进入发动机内部可防锈。

(5)为防止外部泥土等脏物污染,机器应保管在干燥的地方。

(6)各作业机具进行防锈处理,最好与主机同处保管,以免丢失。

第四节 肥料、农药的识别和科学施用

一、农药的使用

(一)对症下药

在充分了解农药性能和使用方法的基础上,根据防治病虫害种类,使用合适的农药类型或剂型。如扑虱灵对白粉虱若虫有特效,而对同类害虫蚜虫则无效;抗蚜威(辟蚜雾、灭定威)对桃蚜有特效,防治瓜蚜效果则差;甲霜灵(瑞毒霉)对各种蔬菜霜霉病、早疫病、晚疫病等高效,但不能防治白粉病。在防治保护地病虫害时,为降低湿度,可灵活选用烟雾剂或粉尘剂。在气温高的条件下,使用硫制剂防治瓜类蔬菜茶黄螨、白粉病,容易产生药害。

(二)适期用药

根据病虫害的发生危害规律,严格掌握最佳防治时期,做到适时用药。如蔬菜播种或移栽前,应采取苗房、棚室施药消毒、土壤处理和药剂拌种等措施;当蚜虫、螨类点片发生,白粉虱低密度时采用局部施药。一般情况下,应于上午用药,夏天下午用药,浇水前用药。

(三)运用适当浓度与药量

不同蔬菜种类、品种和生育阶段的耐药性常有差异,应根据农药毒性及病虫害的发生情况,结合气候、苗情,严格掌握用药量和配制浓度,防止蔬菜出现药害和伤害天敌,只要把病虫害控

制在经济损害水平以下即可。如防治白粉病对于抗病品种或轻发生时只需粉锈宁每 667 平方米 3~5 克(有效成分),而对感病品种或重发生时则需每 667 平方米 7~10 克。另外,若运用隐蔽施药(如拌种)或高效喷雾(如低容量细雾滴喷雾)等施药技术,并且提倡不同类型、种类的农药合理交替和轮换使用,可提高药剂利用率,减少用药次数,防止病虫产生抗药性,从而降低用药量,减轻环境污染。

(四)合理混配药剂

采用混合用药方法,达到一次施药控制多种病虫危害的目的,但农药混配要以保持原药有效成分或有增效作用,不产生剧毒并具有良好的物理性状为前提。一般各种中性农药之间可以混用;中性农药与酸性农药可以混用;酸性农药之间可以混用;碱性农药不能随便与其他农药(包括碱性农药)混用;微生物杀虫剂(如 Bt 乳剂)不能同杀菌剂及内吸性强的农药混用。

(五)确保农药使用的安全间隔期

最后一次使用农药的日期距离蔬菜采收日期之间,应有一定的间隔天数,防止蔬菜产品中残留农药。通常做法是夏季至少为 6~8 天,春秋至少为 8~11 天,冬季则应在 15 天以上。

二、农药的选择

(一)依据国家的有关规定选择农药

农药使用不当会带来严重的影响,给农药生产和社会造成危害。为此,国际上都非常重视农药使用的管理工作,我国农药管理和使用的相关部门也制定了一系列的法规来规范农药的使用,在选择农药品种时,必须遵守这些法规和《农药登记公告》。目前我国主要的农药法规有下列 4 种。

1.《农药安全使用规定》

《农药安全使用规定》是由农业部和卫生部于 1982 年颁布

的一个农药使用法规,虽然时隔20多年,但至今仍然具有重要的指导意义,在购买和使用农药时,要了解该规定的要求,避免在相应的作物和范围内使用不符合要求的农药品种。《规定》将当时生产上应用的农药划分为三类:第一类为高残留农药和高毒农药,列入此类的农药品种有26个;第二类为中毒农药,列入此类的农药有42个品种(类);第三类为低毒农药,列入此类的农药有27个品种。《规定》要求,所有使用的农药品种,凡已制定农药安全使用标准(即合理使用准则)的品种,均按标准的要求执行。尚未制定出标准的品种,则按《规定》执行。对第一类农药的使用做出了具体的限制:即高毒农药不得使用于果树、蔬菜、茶叶和中药材,不得用于防治卫生害虫和人、畜皮肤病;高残留农药不得使用于果树、蔬菜、茶叶、中药材、香料、饮料等作物。《规定》同时还对农药的购买、运输、保管、使用中的注意事项和防护等进行了规范。

2.《农药合理使用准则》

《农药合理使用准则》是由农业部负责制定,国家颁布的农药使用标准。它对每一种作物上使用的农药品种的使用量、使用次数、安全间隔期等做出了明确的规定;按照《准则》使用农药,可以保证收获后的农产品中农药的残留量不超标。在选择使用农药品种时,最好根据《准则》中的名单来决定何种作物选用什么农药。然而,尽管我国已经制定了四批农药合理使用准则,但由于作物品种和农药品种众多,制定的《准则》仍远不能适应生产的需要。

3.《农药安全使用规范——总则》

《农药安全使用规范——总则》是由农业部于1997年颁布的农药使用标准。它根据农药使用特点,提出了农药在使用前、使用中和使用后3种情况的具体安全操作行为规范,不仅可以满足使用者选购和使用农药的需要,也使与农药使用有关的销售、运输、贮藏、中毒急救等方面的行为得以规范;可以保证农药使用全过程的规范化操作。

4.《中华人民共和国农业部公告》

由农业部发布的有关农业管理的公告,如《中华人民共和国农业部公告第 199 号》公布了国农明令禁止的使用的农药和在蔬菜、果树、茶叶、中草药材上不得使用和限制使用的农药。

5.《农药登记公告》

《农药登记公告》是由农业部农药检定所发布的获得农药登记的所有农药品种的一个公告。每一种农药的生产厂家、商品名称、毒性、许可使用的范围和时间、许可使用的作物、使用剂量、使用时间和注意事项都在《公告》中列出。基本上涵盖了农药标签的主要内容,是选择使用农药时的重要参考资料。

(二)根据防治对象选择农药

农药的品种很多,各种药剂的理化性质、生物活性、防治对象各不相同,某种农药只对某些甚至某种防治对象有效。因此,施药前应调查病、虫、草和其他有害生物发生情况,对不能识别和不能确定的,应查阅相关资料或咨询有关专家,明确防治以对象并获得指导性防治意见后,根据防治对象选择合适的农药品种。

病、虫、草和其他有害生物单一发生时,应选择对防治对象专一性强的农药品种;混合发生时,应选择对防治对象有效的农药。在一个防治季节应选择不同作用机理的农药品种交替使用。

(三)根据农作物和生态环境安全要求选择农药

选择对处理作物、周边作物和后茬作物安全的农药品种,选择对天敌和其他有益生物安全的农药品种,选择对生态环境安全的农药品种。

三、农药的购买

(一)仔细阅读农药标签

农药的标签是农药使用的说明书,是购买和使用农药的最重要参考。通过对标签的阅读,可以了解农药的合法性和农药的使用方法、注意事项等。阅读标签时应注意如下几方面内容。

1. 产品的名称、含量及剂型

(1)针对"一药多名"问题,2007年12月8日,《中华人民共和国农业部公告第944号》明文规定:自2008年7月1日起,农药生产企业生产的农药产品一律不得使用商品名称,而改用通用名称。因此,标签上的农药产品使用农药通用名称或由2个或2个以上的农药通用名称简称词组成的名称。一个农药产品应只有一个产品名称。

(2)农药产品名称以醒目大字表示,并位于整个标签的显著位置。

(3)在标签的醒目位置标注了产品中含有各有效成分通用名称的全称及含量、相应的国际通用名称等。

(4)农药产品的有效成分含量通常采用质量百分数(%)表示,也可采用质量浓度(克/升)表示。特殊农药可用其特定的通用单位表示。

2. 产品的批准证(号)

标签上注明该产品在我国取得的农药登记证号(或临时登记证号)、有效的农药生产许可证号或农药生产文件号以及产品标准号。

3. 使用范围、剂量和使用方法

(1)标签上按照登记批准的内容标注了产品的使用范围、剂量和使用方法。包括适用的作物、防治对象、使用时期、使用剂量和施药方法等。

（2）用于大田作物时，使用剂量采用每公顷（hm^2）使用该产品总有效成分质量克（g）表示，或采用每公顷使用该产品的制剂量克（g）或毫升（ml）表示；用于树木等作物时，使用剂量可采用总有效成分量或制剂量的浓度值（毫克/千克、毫克/升）表示；种子处理剂的使用剂量采用农药与种子质量比表示。其他特殊使用的，使用剂量以农药登记批准的内容为准。为了用户使用的方便，在规定的使用剂量后，一般用括号注明亩田制剂量或稀释倍数。

（3）净含量。在标签的显著位置注明了产品在每个农药容器中的净含量，用国家法定计量单位千克（kg）、吨（t）、升（L）表示。

4. 产品质量保证期

农药产品质量保证期一般用以下 3 种形式中的一种方式标明。

（1）生产日期（或批号）和质量保证期。如生产日期（批号）"2000－06－18"，表示 2000 年 6 月 18 日生产，注明"产品保证期为 2 年"。

（2）产品批号和有效日期。

（3）产品批号和失效日期。

（4）分装产品的标签上分别注明产品的生产日期和分装日期，其质量保证期执行生产企业规定的质量保证期。

5. 毒性标志在显著位置标明

农药产品的毒性等级及其标志。农药毒性标志的标注应符合国家农药毒性分级标志及标识的有关规定。

6. 注意事项

（1）标明该农药于那些物质不能混合使用。

（2）按照登记批准内容，注明该农药限用的条件（包括时间、天气、温度、光照、土壤、地下水位等）、作物和地区（或范围)。

(3)注明该农药已制定国家标准的安全间隔期,一季作物最多使用的次数等。

(4)注明使用该农药时需穿戴的防护用品、安全预防措施及注意事项等。

(5)注明施药器械的清洗方法、残剩药剂的处理方法等。

(6)注明该农药中毒急救措施,必要时注明对医生的建议等。

(7)注明该药国家规定的禁止使用的作物或范围等。

7. 贮存和运输方法

(1)标签上注明了农药贮存条件的环境要求和注意事项等。

(2)注明了该农药安全运输、装卸的特殊要求和危险标志。

8. 生产者的名称和地址

(1)标签上有生产企业的名称、详细地址、邮政编码、联系电话等,如是分装农药还要有分装企业名称、详细地址、邮政编码、联系电话等。

(2)进口产品有用中文注明的原产国名(或地区名)、生产者名称以及在我国的代理机构(或经销者)名称和详细地址、邮政编码、联系电话等。

9. 农药类别特征颜色标志带

不同类别的农药采用在标签底部加一条与底边平行的、不褪色的特征颜色标志带表示。除草剂用"除草剂"字样和绿色带表示;杀虫(螨、软体动物)剂用"杀虫剂"或"杀螨剂""杀软体动物剂"字样和红色带表示;杀菌(线虫)剂用"杀菌剂"或"杀线虫剂"字样和黑色带表示;植物生长调节剂用"植物生长调节剂"字样和深黄色带表示;杀鼠剂用"杀鼠剂"字样和蓝色带表示;杀虫/杀菌剂用"杀虫/杀菌剂"字样、红色和黑色带表示。

10. 其他内容标签上可以标注必要的其他内容

如对消费者有帮助的产品说明、有效期内商标、质量认证标志、名优标志、有关作物和防治对象图案等。但标签上不得出现未经登记批准的作物、防治对象的文字或图案等内容。

11. 标签的其他注意事项应当标注以下内容

（1）产品使用需要明确安全间隔期的，应当标注使用安全间隔期及农作物每个生产周期的最多施用次数。

（2）对后茬作物生产有影响的，应当标注其影响以及后茬仅能种植的作物或后茬不能种植的作物、间隔时间。

（3）对农作物容易产生药害，或者对病虫容易产生抗性的，应当标明主要原因和预防方法。

（4）对有益生物（如蜜蜂、鸟、蚕、蚯蚓、天敌及鱼、水蚤等水生生物）和环境容易产生不利影响的，应当明确说明，并标注使用时的预防措施、施用器械的清洗要求、残剩药剂和废旧包装物的处理方法。

（5）已知与其他农药等物质不能混合使用的，应当标明。

（6）开启包装物时容易出现药剂撒漏或人身伤害的，应当标明正确的开启方法。

（7）施用时应当采取的安全防护措施。

（8）该农药国家规定的禁止使用的作物或范围等。

（二）购买农药的技巧

（1）根据作物的病虫草害发生情况，确定农药的购买品种，对于自己不认识的病虫草，最好携带样本到农药零售店。

（2）仔细阅读标签，对照标签的11项基本要求进行辨别，最好查阅《农药登记公告》进行对照。

（3）选择可靠的销售商，一般生产资料系统、植保和技术推广系统以及厂家直销门市部的产品比较可靠，杀鼠剂和高毒农药的销售,在部分地区需要有专销许可证。

（4）选择熟悉的农药生产厂家的品种,新品种应该在当地通过试验,证明是可行的。

（5）对于大多数病虫害,不要总是购买同一种有效成分的药剂,应该轮换购买不同的品种。

（6）要求农药销售者提供农药的处方单,购买农药时应索要发票,使用时或使用后如发现为假劣农药,应该保留包装物;出现药害,应该保留现场或拍下照片,并及时向农药行政主管部门或法律、行政法规规定的有关部门反映,以便及时查处。

四、肥料与农业生产

肥料对农业生产的贡献,也可以简单地理解为:如果不使用肥料,粮食的产量有可能减少将近一半左右,肥料对农业生产的意义是举足轻重的,因此,肥料被称之为"粮食中的粮食"。肥料是农业生产的基础,是重要的农业生产资料。

肥料对农业生产的影响主要包括以下几个方面。

（1）肥料的产量对农业生产的影响,肥料的充足供应是农业生产的基本保证,因此,有计划地安排肥料生产是国家农业宏观经济调控的一项主要内容。

（2）肥料的质量对农业生产的影响,低质量的肥料会造成农作物的产量降低和土壤结构的破坏。

（3）肥料对农产品的质量和品质的影响,科学施用肥料可以提高农作物的品质,提高农产品的销售价格,比如,钾肥的合理使用,中、微量元素肥料的合理使用,可以使农作物果实的口感更好并可延长储存时间。

（4）合理施肥与否会对农业生产的效益产生影响,不合理使用肥料,比如肥料品种选择得不正确或者过量施肥,不但增加了农民的投入,还会使农产品的产量和商品价值下降,进而影响农民的收入。

(5)农民的施肥技术会对肥效产生影响,比如粗放的施肥方式(撒施、施肥深度和位置不正确,无水条件施肥,错过合理施肥时间等)会影响肥料的利用率,进而影响作物的产量和品质,影响农民的种植性收益。

所以,化肥供应的数量、价格以及品种对农业生产的稳定性起着至关重要的作用,直接影响农产品的产量和品质以及农民的经济效益和收入,进而影响到国家粮食战略的安全。

五、肥料市场的基本特征

(一)大市场

(1)肥料是大市场,是全国性的市场,只要有农业种植业生产的地方,就会有肥料市场。

(2)化肥是总量增长中的市场,每年以 5%～10% 的比例增长。

(3)肥料工业不是夕阳工业,需要更加细致的市场工作。目前农民的施肥技术水平还很低,需要科学指导,科学施肥的发展是肥料市场发展的基础。

(4)化学肥料产品需要更新换代,无机肥料的工业化发展是未来肥料工业发展的新亮点。

(5)肥料工业的发展具有良好的社会基础,国家将持续大力扶持农业发展,目前,我国农业发展的潜力非常大,农业产业化发展前景无限。

(二)大流通

(1)肥料大流通是由客观因素造成的,比如,资源分布不平衡、淡旺季不平衡、生产企业布局与消费区域不平衡。

(2)这种流通以铁路运输为主,公路、海路运输为辅。

(3)这种流通局面未来还要持续下去,但是,布局有所改变,比如主要原料产品(原料加工生产企业)向资源地区集中,二次肥料加工企业向消费区域集中。

（三）区域竞争

（1）农业种植发达地区和肥料需求规模较大的区域将是竞争的主要目标,生产企业和大型流通企业将集中力量努力扩大和占有市场份额。

（2）这些区域的差异化趋势越来越明显,比如,国家倡导的小流域经济建设开发、区域特色农业种植以及产业化发展,山东的寿光蔬菜、烟台苹果、济宁大蒜、安丘大姜、章丘大葱等种植区域已经形成。

（3）区域竞争带来营销的创新、产品的创新和服务的创新,进而影响肥料行业的健康发展。

（四）区域垄断

（1）名牌产品将努力形成区域垄断,比如,国内名牌产品力求在区域形成稳定销量、稳定网络和稳定的消费群。

（2）区域内部营销网络竞争整合阶段过后,网络格局和新的垄断将形成,混乱局面将有所改变。

（3）这种垄断是新形式的、多元化的结构,更加具有竞争力,将主导市场的发展方向。

（五）模式营销

（1）肥料营销的竞争已经开始,产品产能过剩的局面已经形成。

（2）肥料营销学习其他行业的营销,引进学科知识,竞争趋向知识化。

（3）模式营销将综合行业特点,成为开发市场的有效方式。

（4）肥料营销的模式化正在探索中。

（六）终端促销

（1）竞争的结果是营销的重心下移,企业行为越来越贴近消费者。

（2）终端促销目前仍然以零售商为中心,因此,零售商将成为促销的重点。

（3）通过零售商的促销,产品将越来越细化,逐步满足消费者的不同需求。

六、肥料的国家政策导向

(一)产品方面

1. 颗粒化

肥料颗粒化的主要目的是为了提高肥料的利用率。由于我国农民的施肥技术差异很大,规模性种植业不发达,农机具发展缓慢,使施肥技术的发展受到了一定的限制。颗粒化的肥料不宜流失、淋溶、蒸发、被大风吹跑或被水带走,同时有利于机械化施肥,因此,肥料颗粒化是国家鼓励发展的方向。

2. 高含量

对比低含量肥料,高含量肥料有以下优点。

（1）利用率高,肥效明显。

（2）储运方便,降低储运成本。

（3）使用方便,降低农民劳动强度。

（4）带来的有害物质少,对土壤保护有利。

（5）便于大规模生产,减少资源浪费。

3. 复合化

将主要养分以化学方式合成,按照一定的配方生产,这就是肥料的复合化。物理法的合成是复混肥,复混肥生产工艺简单,原材料选择广泛,但同时方便造假、偷减养分含量、使用低质量填充料等,因此,近年来,中低含量复混肥的发展受到限制。复合肥料的优点如下。

（1）单一颗粒养分均衡,产品质量有保障。

（2）可以生产高含量的产品,肥料利用率高。

（3）产品配方可以进行针对性的调整,具有一定的区域适应性和作物品种适应性。

（4）生产工艺成熟，便于大规模生产。

（5）产品的化学性质和物理性质稳定，便于储备、运输和机械化施肥。

（6）复合肥料造假难度大，农民认知度比较高。

4. 配方化

科学施肥的主要问题还是配方的问题，通过植物生长特性、土壤检测和田间试验来确定肥料的配方以及施用方法，再由工厂根据确定的配方生产肥料供应农民使用，简单地说这就是配方施肥。配方施肥的优点如下。

（1）针对不同区域、不同作物品种确定肥料生产的配方，提高作物的产量。

（2）降低肥料投入的成本，减少国家资源的浪费，减少农民的农业生产成本，便于工业化生产。

（3）农民施用方便，针对不同种植结构与区域，肥料的适应性强。

（4）可以根据不同区域和不同植物的需求，添加除了氮、磷、钾之外的其他中微量元素。

5. 有机肥料和无机肥料配合使用

（1）倡导有机肥料和无机肥料的配合使用，是符合当前我国国情的一个特点。原因如下。

①我国人多地少，要想办法提高单位面积的产量。

②过量使用化肥，破坏土壤结构，比如土壤的沙化问题、南方土壤的酸化趋势加重、北方的土壤盐碱化趋势加重等。

③我国有机肥料的生产性资源非常丰富，使用有机肥料可以减少环境污染，是一举两得利国利民的好事；有机加无机肥料的使用效果已得到公认。

（2）在我国推广有机＋无机肥料现阶段存在的问题如下。

①无机肥料市场不规范，质量差的肥料充斥市场，农民认知

度不高。

②国家没有进一步的政策扶持指导无机肥料的生产,企业炒作概念较多,好的品种少。

③在化肥中加入有机肥料,生产技术限制产品的含量与质量,效果一般。

④在使用中无机肥料配有机肥料,养分含量上不去,农民操作有难度,增加农民的劳动强度。

⑤无机肥料需要产品升级。

6. 控释技术

磷钾肥的控释技术目前处于开发当中,主要是提高磷肥的当季利用率和防止钾肥流失。一般来说,磷肥当季利用率只有20%~30%,而且肥效比较缓慢,在土壤中残留量比较大。钾肥当季利用率比较高,但是很难在土壤中残留,流失比较严重。目前的控释技术主要是肥料的包衣,重点是控制氮肥的释放速度,提高氮肥的利用率。

(二)行业方面

1. 鼓励矿肥结合

矿产结合是资源性行业普遍的做法,就是在资源区域直接建设工厂,就地生产加工出产品(如煤炭行业的"坑口电站"),然后将成品销售到各个需求区域。这样做的好处是降低生产成本、运输成本、充分发挥资源区域的综合性优势。我国的矿肥结合最先受益的是磷肥行业的5大磷肥基地,其次是青海钾肥。近年来尿素企业也面临调整,如山西、内蒙古利用煤炭资源,开始投资建设工厂,中化、中海油开始利用石油、天然气的优势,在资源区域建设或扩大尿素的产能,具体表现是整合原有的系统内肥料生产企业,投资或收购行业外的肥料生产企业。

2. 鼓励企业整合联合

由于我国化肥工业迅速发展的阶段是国家由计划经济向市

场经济过渡的特殊阶段,因此,在传统的计划经济时代投资的大型国有企业面临改革,而非国有经济投资的中小型化肥企业经过这些年来的发展也需要改革,因此企业之间的竞争、联合和整合是肥料工业未来发展的主要趋势。国家鼓励企业的联合是希望企业之间优势互补,资源互补,提高企业的竞争能力。

3. 鼓励发展大化肥

国家鼓励发展大化肥的原因很多,主要的还是要提高企业的竞争能力,减少资源浪费,通过组建大型企业引导行业健康发展和积极参加国际化的竞争。目前的突出问题就是引导化肥行业格局健康发展的问题。

4. 鼓励肥料生产经营与农化服务结合

国家鼓励肥料生产企业和经营企业积极参加到系统的农化服务中去,比如,在测土施肥工程实施的过程中,国家鼓励企业参加农业部门组织的配方肥料生产的招标,向农民提供配方肥料使用技术的指导。

国家为了整顿和开发农村市场,在肥料经营方面,积极鼓励企业实施农资连锁经营模式,并且向农民提供配套服务。

第六章 培养新型职业农民的法律意识

第一节 做懂法、守法的职业农民

一、学习了解法律常识

在现代社会,公民的权利和自由都要受法律的制约和保护,法律就是"尚方宝剑"。懂了法,就能充分享用法律给予我们的权利和自由。

我们曾在这些方面吃过很多亏,因为不懂法,触犯了法律,让我们的家庭和生活变得一团糟;被人欺负了都不知道到哪里去说理;想私下解决,反而把事情弄得更糟。

出门在外,要学习、了解法律基本常识,如《中华人民共和国宪法》《中华人民共和国劳动法》《中华人民共和国劳动合同法》《中华人民共和国劳动争议调解仲裁法》《中华人民共和国治安管理处罚法》《中华人民共和国刑法》《中华人民共和国婚姻法》等,做个学法、懂法、守法、用法的公民。

二、懂《中华人民共和国宪法》

《中华人民共和国宪法》(以下称《宪法》)是国家的根本法,它规定了国家的根本制度和根本任务,具有最高的法律效力。

全国各族人民、一切国家机关和武装力量、各政党和各社会团体、各企业事业组织,都必须以宪法为根本的活动准则,并负有维护宪法尊严、保证宪法实施的职责。一切法律、行政法规、地方性法规都不得同宪法相抵触。制定法律、法规、地方性法规都必须以宪法为依据和基础。

我国现行宪法是1982年的,也是新中国成立后的第四部宪法。1988年、1993年、1999年和2004年,全国人民代表大会又对这部宪法进行了四次补充修正。

三、懂《中华人民共和国劳动法》

从狭义上讲,我国《中华人民共和国劳动法》是指自1995年1月1日起开始施行的《中华人民共和国劳动法》(以下称《劳动法》);从广义上讲,劳动法是调整劳动关系及与劳动关系密切相关的法律规范的总称。

劳动法的内容包括劳动关系的各个方面,涉及就业、劳动合同、集体合同、工作时间和休息休假、工资、劳动安全生、女职工和未成年工特殊保护、职业培训、社会保险和福利、劳动争议处理等。

《劳动法》的适用范围主要包括:在中华人民共和国境内的企业、个体经济组织和与之形成劳动关系的劳动者。"个体经济组织"是指雇工在7人以下的个体工商户。国家机关、事业组织、社会团体和与之建立劳动合同关系的劳动者。包括在上述单位中按规定应实行劳动合同制度的工勤人员,实行企业化管理的事业组织的人员,其他通过劳动合同与国家机关、事业组织、社会团体建立劳动关系的劳动者。中国境内的用人单位与劳动者之间,只要形成劳动关系,即劳动者事实上已成为企业、个体经济组织的成员,并为其提供有偿劳动的。农民工也是受《劳动法》调整的用人单位的劳动者。

公务员和比照实行公务员制度的事业组织、社会团体的工作人员,以及农民、现役军人等不适用《劳动法》。

违反劳动法,形成危害事实,且有主观上的故意或过失,依法应当承担相应的法律责任。除了《劳动法》,《中华人民共和国就业促进法》《中华人民共和国劳动合同法》《中华人民共和国安全生产法》《中华人民共和国职业病防治法》《中华人民共和国劳动争议调解仲裁法》《中华人民共和国社会保险法》等,都有一章规定了相应的法律责任;《劳动保障监察条例》在法律责任一章,对各种违反劳动法律法规的行为,规定了更加具体的法律责任。

《劳动法》作为维护人权、体现人本关怀的一项基本法律,在西方甚至被称为"第二宪法"。一个人或许一辈子都不会接触到刑法、诉讼法等,但我们无时无刻不在《劳动法》的保护和约束之中。了解基本的《劳动法》知识是必要的、经济的和有效的。

四、学会《中华人民共和国劳动合同法》

劳动合同,又称劳动契约或劳动协议。《劳动法》第十六条规定:"劳动合同是劳动者与用人单位确立劳动关系、明确双方权利和义务的协议。"

劳动合同签订后,劳动者即成为用人单位的一员,担任一种职务或一定种类工作,完成工作(生产)任务,并遵守所在单位的劳动纪律和规章制度。用人单位则应及时安排劳动者工作,按照劳动的数量和质量支付劳动报酬,并提供符合劳动法规定和劳动合同约定的劳动条件及保险福利等待遇。

目前实施的《中华人民共和国劳动合同法》(以下称《劳动合同法》),是自2008年1月1日起施行的。2008年9月3日国务院第25次常务会议还通过了《中华人民共和国劳动合同法实施条例》,作为配套法规。

《劳动合同法》中规定了劳动者、用人单位的主要权利和义务,劳动合同的形式、内容和期限,劳动合同的履行、变更与效力,劳动合同的解除、终止与经济补偿,劳务派遣与非全日制用工等。除有针对性地解决不签劳动合同、签短期劳动合同和无节制地大量使用劳务派遣工等问题外,还对劳动合同当事人权利义务作了一些新的规定。劳动合同当事人及相关主体一旦违反《劳动合同法》,将应承担的不利法律后果,主要包括行政责任、民事责任和刑事责任3种。

《劳动合同法》是确定我们劳动关系的重要法律依据,对此尤其应该认真学习。

五、学会《中华人民共和国劳动争议调解仲裁法》

《中华人民共和国劳动争议调解仲裁法》(以下称《劳动争议调解仲裁法》)是使劳动争议依照程序公正及时处理的专门性法律。它与《劳动法》《劳动合同法》等相互补充,形成具有我国的劳动争议处理法律制度。

那么,我们什么时候可以使用《劳动争议调解仲裁法》呢?比如我跟工友打架了,这能不能用它呢?答案是否定的。对此,要先弄清楚什么是劳动争议。

劳动争议是指劳动关系当事人之间因享受劳动权利、履行劳动义务产生分歧而发生的争执。

劳动争议的特征包括3点:当事人一方为用人单位,另一方为劳动者;劳动者与用人单位存在劳动关系;争议必须与劳动权利和义务有关。

《劳动争议调解仲裁法》适用于:与劳动者签订劳动合同的企业、国家机关、事业单位、社会团体、民办非企业单位、企业化管理的事业单位及劳动者,劳务派遣和非全日制用工、个人承包经营用工、不具备合法经营资格用工的用工方与劳动者。

争议类型包括以下6类:因确认劳动关系发生的争议。因订立、履行、变更、解除和终止劳动合同发生的争议。因除名、辞退和辞职、离职发生的争议。因工作时间、休息休假、社会保险、福利、培训以及劳动保护发生的争议。因劳动报酬、工伤医疗费、经济补偿或者赔偿金等发生的争议。法律、法规规定的其他劳动争议。

劳动争议发生后,当事人可以通过协商、调解、仲裁和诉讼程序依法解决。

《劳动争议调解仲裁法》加大了对劳动者的保护力度。具体表现为:一是申请仲裁时效延长。将《劳动法》规定的60日仲裁申请时效调整为一年,为劳动者维护权益争取了时间。二是部分仲裁案件实行举证责任倒置。明确规定,与争议事项有关的证据属于用人单位掌握管理的,用人单位应当提供;用人单位不提供的,应当承担不利后果。三是劳动者可以申请支付令。该法规定:"因支付拖欠劳动报酬、工伤医疗费、经济补偿或者赔偿金事项达成调解协议,用人单位在协议约定期限内不履行的,劳动者可以持调解协议书依法向人民法院申请支付令。人民法院应当依法发出支付令。"这为我们维权提供了又一条新途径。四是特殊案件先行裁决。即对部分事实清楚的案件先行作出裁决,防止劳动者基本生活无着,维护其合法权益。劳动者申请先予执行的,可以不提供担保,体现了法律对弱者的倾斜,有利于缓和劳动关系矛盾。五是仲裁不收费。这极大减轻了我们的经济负担,使我们敢于依法主张自己的权利。

六、懂《中华人民共和国社会保险法》

狭义的社会保险法指《中华人民共和国社会保险法》(以下称《社会保险法》),广义的社会保险法包括全国人大及其常委会、国务院、社会保险事务主管部门颁布的调整社会保险关系的所有法律、法规、规章及其他规范性文件。

社会保险包括:养老保险、医疗保险、工伤保险、失业保险和生育保险。

养老保险,可以让劳动者在到国家规定的退休年龄或因年老丧失劳动能力情况下,从国家和社会得到经济收入、物质帮助和服务。我国养老保险制度由城镇职工基本养老制度、企业补充养老保险制度、农村居民养老保险制度和公职人员退休制度组成。

医疗保险是国家可以补偿劳动者因疾病风险造成的经济损失。我国目前的基本医疗保险制度由城镇职工基本医疗保险制度、城镇居民基本医疗保险制度和农村居民新型农村合作医疗制度组成。

工伤保险，可以对在生产、工作中遭受意外伤害或患职业病导致暂时或永久性丧失劳动能力的劳动者，以及对职工死亡后无生活来源的近亲属给予物质帮助。工伤保险制度是社会保险制度的重要组成部分，具体我们可以再学习《工伤保险条例》等。

失业指有劳动能力并有劳动意愿的劳动者得不到劳动机会或就业后又失去工作。失业保险制度是国家对非本人意愿中断就业而失去生活来源的劳动者提供物质帮助和就业服务。我国现行失业保险制度的基本框架由1999年颁布的《失业保险条例》、2010年颁布的《社会保险法》等确立。

生育保险是指国家或用人单位对职业妇女因生育而中断劳动期间给予必要生活保障和物质帮助。通过向生育职工提供医疗服务、产假和生育津贴等方面待遇，使她们因生育而暂时中断劳动时的基本经济收入和医疗需求得到保障。我国现行城镇职工生育保险制度框架主要由《女职工劳动保护特别规定》《企业职工生育保险试行办法》和《社会保险法》确立。农村生育保障制度建立的标志是2002年中共中央、国务院颁布的《关于进一步加强农村卫生工作的决定》。

七、懂《中华人民共和国婚姻法》

婚姻法是调整婚姻家庭关系的基本准则。它调整的范围既包括婚姻关系，又包括家庭关系；既有婚姻家庭关系的发生、变更和终止,也有婚姻家庭关系主体间的权利义务。

有关婚姻家庭的法律规范包括《中华人民共和国婚姻法》《中华人民共和国收养法》《中华人民共和国继承法》《婚姻登记条例》等。此外,我国的《宪法》《中华人民共和国妇女权益保障法》《中华人民共和国未成年人保护法》《中华人民共和国老年人权益保障法》《中华人民共和国民法通则》等法律、法规也规定有婚姻家庭关系方面的内容。

我国目前施行的《中华人民共和国婚姻法》(以下称《婚姻法》),是2001年4月28日修正的。这部婚姻法分6章,共51条,对我国公民的婚姻原则、结婚年龄、夫妻之间的权利与义务、父母与子女之间的关系,以及离婚原则、离婚后子女的抚养,救助措施等问题,都作了明确规定。

我国婚姻法的基本原则主要有:①婚姻自由。无论是结婚还是离婚,均不受任何人的强迫和干涉。②一夫一妻。一个人只能有一个配偶,任何人,不论其地位高低、财产多少,都不得同时拥有两个或两个以上的配偶。任何已婚者,在其配偶死亡或者与配偶离婚以前,都不得再行结婚。③男女平等。指男女在婚姻家庭中享有平等的权利,负担平等的义务。④保护妇女、儿童和老人的合法权益。体现了法律保护弱者、昭示公平的特点。⑤计划生育。实行计划生育是我国的一项国策。国家干部、企事业单位的职工、城镇及农村居民,除特殊情况经批准外,一对夫妻只能生育一个孩子。

婚姻法是人们在婚姻、家庭关系各个方面必须遵循的准则。

八、学会《中华人民共和国治安管理处罚法》和《中华人民共和国刑法》

《中华人民共和国刑法》(以下称《刑法》)是规定哪些行为是犯法、犯罪行为的具体刑事责任以及犯罪应受到的刑法处罚的法律。

《中华人民共和国治安管理处罚法》(以下称《治安管理处罚法》)是我国规定哪些行为是违反治安管理以及对这些行为如何处罚的法律。

学习这些法律,也是进行自我保护的一个方面。否则,找不到合法的工作,挣不到钱,还要交罚款。

下面这个例子,就是由于不懂法带来的后果。

蔡某来到城市,找了个电器修理店,老板为了招揽生意,经常让他在夜间到大街上喷涂、张贴小广告。本来以为自己一不偷,二不抢,认真工作多赚钱,谁知道有一天被市容监察人员抓住了,公安部门以妨害社会管理秩序,依法对其进行了行政拘留。

这是因为,在公众场合随意喷涂、张贴、散发小广告是违法行为。小广告没经过广告审查机关的审查批准,没有工商部门核准的广告批号,属非法广告。小广告有很多不实的宣传在里面,有很大的误导性,危害很大。另外,它还污染、影响市容,破坏城市环境,是城市"牛皮癣"。

九、懂《工会法》

工会是职工自愿结合的工人阶级的群众组织。工会的基本职责是维护职工合法权益。

工会法是调整工会与政府、工会与用人单位、工会与会员和职工以及工会与其他组织关系的法律规范的总称。我国第一部《中华人民共和国工会法》是 1950 年由中央人民政府颁布的,目前,施行的是 2001 年修正的《中华人民共和国工会法》。

凡在中国境内的企业、事业单位、机关和其他社会组织中,以工资收入为主要生活来源或者与用人单位建立劳动关系的体力劳动者和脑力劳动者,不分民族、种族、性别、职业、宗教信仰、教育程度,承认工会章程,都可以加入工会为会员。任何组织和个人不得阻挠和限制。

这里所说的"参加工会",是指劳动者依法申请加入已经成立于用人单位里的基层工会或者这些单位之外的基层工会联合会;而"组织工会",是指劳动者可以依法在尚未建立工会组织的用人单位里中组建基层工会或者可以在这些单位之外联合组建基层工会。根据《劳动合同法》第六十四条的规定,被派遣劳动者有权在劳务派遣单位或者用工单位依法参加或者组织工会,维护自身的合法权益。

十、懂劳动权益法律法规

促进就业的法律法规——《中华人民共和国就业促进法》《国务院关于做好促进就业的通知》《禁止使用童工规定》《进一步完善公共就业服务体系有关问题的通知》《关于做好农民进城务工就业管理和服务工作的通知》等。

职业培训与考核方面的法律法规——《职业教育法》《职业技能鉴定规定》《职业资格证书规定》《企业职工培训规定》《关于进一步做好职业培训工作的意见》等。

劳动合同方面的法律法规——《劳动合同法》《劳动合同法实施条例》《全国人民代表大会常务委员会关于修改〈中华人民共和国劳动合同法〉的决定》《企业经济性裁减人员规定》《关于加强建设等行业农民工劳动合同管理的通知》《关于确立劳动关系有关事项的通知》等。

集体合同方面的规定——《集体合同规定》《关于开展区域性行业性集体协商工作的意见》等。

工作时间与休息、休假方面的法律法规——《国务院关于职工工作时间的规定》《劳动部贯彻〈国务院关于职工工作时间的规定〉的实施办法》《全国年节及纪念日放假办法》《职工带薪年休假条例》《关于职工全年月平均工作时间和工资折算问题的通知》工资及其支付方面的法律法规——《最低工资规定》《工资支付暂行规定》《关于工资总额组成的规定》《工资集体协商试行办法》《关于切实解决建筑业企业农民工工资问题的通知》《最高人民法院关于审理拒不支付劳动报酬刑事案件适用法律若干问题的解释》等。

劳动安全生与保护方面的法律法规——《安全生产法》《矿山安全法》《职业病防治法》《禁止使用童工规定》《未成年工特殊保护规定》《女职工劳动保护特别规定》《职业病诊断与鉴定管理办法》等。

工伤及相关待遇方面的法律法规——《工伤保险条例》《工伤认定办法》《因工死亡职工供养亲属范围规定》《非法用工单位伤亡人员一次性赔偿办法》等。

解决劳动纠纷方面的法律法规——《劳动争议调解仲裁法》《法律援助条例》《劳动人事争议仲裁组织规则》《劳动人事争议仲裁办案规则》《最高人民法院关于审理劳动争议案件适用法律若干问题的解释》(目前已经出台了4个)等。

工会组织、有关部门对农民工权益的保护方面的法律法规——《工会参与劳动争议处理试行办法》《工会参加平等协商和签订集体合同试行办法》《工会劳动法律监督试行办法》《工会劳动保护监督检查员管理办法》等。

第二节 提高职业农民的法制意识

法律是现代社会一切正常生活的基础。它包括人们对法的本质和作用的看法,对现行法律法规的理解、要求和态度,对法律权利和义务的看法以及对人们的行为是否合法的评价,等等。在中国社会逐渐走向法制化的今天,法制系统要求公民按照现代的法律观念以及法制原则去行动。然而在广大农村,很多农民的行为处事还仅仅依据传统办事,这不仅影响着农民的思维方式,更是制约着农民的行为选择。

新农村建设能不能成功,农民法制意识的培养至关重要。

法律取代传统,对农民进行法制教育势在必行。具体做法如下。

一、加强对农民的普法教育

普法教育"不仅是一个乡土社会的地方性知识扩充(量的意义)与更新(质的意义)的过程,更是一个乡土社会的地方性知识回应国家灌输的法治知识形成新的社会规则的过程。"首先,根据农村的实际情况,加大民事、行政法律法规的宣传教育。随着社会、经济的迅速发展,农民活动涉及民事、行政法律法规的逐渐增多,所以,对农民的普法教育要转变观念,不能不分重点,应该根据农村实际情况的变化,及时调整法律宣传的内容,以确保农民在人身、财产等各个方面的正当权益不受侵犯。其次,要加强对农村干部的法律培训,提高农村干部的法律意识,增强农村干部的法治观念。通过对农村干部的法律培训,使其增强依法解决农村热点、难点的问题意识,提高普法工作的效率。通过建立健全符合新农村发展的村民自治章程和各项村级事务管理制度,使农村各项事业逐步走上规范化、法治化轨道,从而使农民群众切身感受到依法治理的实际效果,更加支持农村各项法律制度的推进与完善,使新农村建设在村党组织的领导下充满活力。最后,要组织开展"送法下乡"等活动,深入到农民群众中传播法律知识。当然,"送法下乡"活动除了选择农民群众最喜爱、最容易接受的宣教方式,诸如广播喇叭、黑板报、宣传栏等,使农民群众在潜移默化中提升法律意识,在寓教于乐中增强法制观念以外,更需要让法律贴近农民生活的实际需要,也就是法律系统在追求自身合理性的同时,还应追求现实的合理性,即法律原则、程序及由此产生的结果,与现实社会的基本期望要达到一定的均衡或者一致。如果法律背离了具体的生活实际,背离的广大农民的实际需求,那么实现中国法制化的理想目标就是空中楼阁。当然,农村的普法教育要与农村的执法结合起来,要紧密结合农村的实际,让农民真正感觉到法律的震慑力和严肃性,而不是可有可无的游戏规则。总之,通过加强对农民的普法教育,使农民能正确地认识到法律在自己生活中的重要性,从而能够正确地运用法律,理性解决自己生产和生活中的各种矛盾。

二、提高农民的法律意识

法律意识是人们关于法律现象的思想观点、知识和心理的总称。它一方面意味着公民能够发自内心的认同和尊重国家宪法和法律的权威,并以之为自己行为的准则,自觉遵守法律;另一方面,还意味着公民能从平等的观念出发,要求他人和各类公共机关也遵守法律的共同约定,在法律的范围内行事。法律意识的具备表明一个公民在正确处理自身与社会关系上的成熟。对于农民来讲,具备法律意识不仅仅停留在对道德和法律知识的简单记忆与背诵的层面上,而是应该将其真正内化为自己遵循的准则,这是农村法制秩序得以建立的基础。但是,在一定程度上,我国广大农村仍旧是血缘、亲情基础上的社会,农村习惯经常取代国家法律成为处理纠纷的标准,有人把这种现象归结为血缘关系基础上的"熟人社会"特征。因此,培养和提高农民的法律自觉意识,而不是把自己仅仅看做是装载法律知识的容器,那么农民就能告别陋习和愚昧,形成科学理性的处事方式。新农村建设中,这不仅体现了农民群众的愿望和要求,符合农民的根本利益,而且还能使农民群众把对乡规民约的遵循与国家法律有机结合起来。

三、培养农民的法律习惯

农民法律习惯的缺乏不仅严重影响其法律意识的增强,而且影响其行为。事实上,农民往往依赖于各类权威的维权活动模式,而不选择现代法律裁决方式。"有邻里纠纷时,37.7%的村民选择找村干部解决或人民调解员解决,34%的村民选择找村里有威信的人解决,忍气吞声的人占22.6%,选择打官司的人仅占14.2%。"由此看出,司法在农民的纠纷解决方式中所占比例还较低,政府或人民调解员调解仍是农民解决纠纷的最主要方式。在新农村建设过程中,全面实行法治,将现代法律信仰、法治精神的培育作为重要环节,培养农民的法律习惯就成为重要的内容。培养农民的法律习惯,使农民借助法律制度维护权利、履行法定义务、实现自己的利益,是新农村建设中提高农民法律素质的重要任务。只有培养农民法律的习惯,农民才会变书本上的法为现实中的法,才会真正消除对农村法制的认知障碍,才会真正维护自己的合法权益,才会真正享受法律带来的实实在在的利益。当然,法律习惯的培养"不是依靠外在强制力的压制而形成的,它是一个自发的潜移默化的过程,或者说是在一系列日常社会活动、经验、感受之中而达到的皈依。"它必须在实际的法律运作过程中,在相关行为主体真切地感受到法律带给他们的实效,并对法律产生信任和依赖心理的过程中逐步成长起来,这是一个长期的、逐渐变化的过程。只有农民在其长期的日常生产生活中一直都能感受到法律所带给他们的利益和权利,而不是法律的朝令夕改或因人而异等经常出现不稳定的情况,人们才能在长期的信任和信赖的心理作用下逐渐产生健康的法律意识,进而自觉遵从法律规范和维护法律秩序,养成法律习惯。

第七章　提高新型职业农民科技创新意识

第一节　推广农业科技

一、农业技术推广的方针和原则

（一）农业技术与农业技术推广

农业技术,是指应用于种植业、林业、畜牧业、渔业的科研成果和实用技术,包括良种繁育、施用肥料、病虫害防治、栽培和养殖技术,农副产品加工保鲜、贮运技术,农业机械技术和农用航空技术,农田水利、土壤改良与水土保持技术,农村供水、农村能源利用和农业环境保护技术,农业气象技术以及农业经营管理技术等。

农业技术推广,是指通过试验、示范、培训、指导以及咨询服务等,把农业技术普及应用于农业生产产前、产中、产后全过程的活动。农业技术推广是科学与生产之间进行联系,促进科技成果和实用技术转化为直接生产力的桥梁,是科研成果的继续和延伸。

（二）农业技术推广的方针

一是国家依靠科学技术进步和发展教育,振兴农村经济,加快农业技术的普及应用,发展高产、优质、高效益的农业;二是国家鼓励和支持科技人员开发、推广应用先进的农业技术、鼓励和支持农业劳动者和农业生产经营组织应用先进的农业技术;三是国家鼓励和支持引进国外先进的农业技术,促进农业技术推广的国际合作与交流。

（三）农业技术推广的原则

①有利于农业的发展；②尊重农业劳动者的意愿；③因地制宜，经过试验、示范；④国家、农业集体经济组织扶持；⑤实行科研单位、有关学校、推广机构与群众性科技组织、科技人员、农业劳动者相结合；⑥讲求农业生产的经济效益、社会效益和生态效益。

（四）政府和农业技术推广行政部门的职责

1. 政府在农业技术推广工作中的职责

《中华人民共和国农业技术推广法》（以下称《农业技术推广法》）第7条对各级人民政府在农业技术推广工作中的职责作了明确规定。"各级人民政府应当加强对农业技术推广工作的领导，组织有关部门和单位采取措施，促进农业技术推广事业的发展"。这清楚地表明，各级人民政府在农业技术推广中负有两个方面的职责：一是有领导职责；二是有组织协调政府所辖与农业技术推广有关的部门和单位采取措施，支持并为农业技术推广提供保障、促进农业技术推广事业发展的职责。

2. 农业技术推广行政部门

在农业技术推广中的职责《农业技术推广法》第9条规定："国务院农业、林业、畜牧、渔业、水利等行政部门按照各自的职责，负责全国范围内的有关农业技术推广工作。县以上地方各级人民政府农业技术推广行政部门在同级人民政府领导下，按照各自的职责，负责本行政区域内有关的农业技术推广工作。同级人民政府科学技术行政部门对农业技术推广工作进行指导。"这一规定明确了农业技术推广的行政管理体制和管理范围。各级农业、林业、畜牧、渔业、水利等行政部门是同级农业技术推广的主管部门。各级农业技术推广行政部门负责本区域内的农业技术推广工作。同时，还明确了科学技术行政部门与农业技术推广之间的关系是指导关系。

二、农业技术推广体系

农业技术推广体系是农业社会化服务体系和国家对农业支持保护体系的重要组成部分,是实施科教兴农战略的重要载体。

(一)农业技术推广体系的构成

《农业技术推广法》第10条规定:"农业技术推广,实行农业技术推广机构与农业科研单位、有关学校以及群众性科技组织、农民技术员相结合的推广体系。"可以看出我国的农业技术推广体系是由五个部分构成的,是多层次、多成分的农业技术推广体系。在农业技术推广体系构成的5个部分中,农业技术推广机构是专业技术推广机构,是代表国家从事农业技术推广工作的,是农业技术推广的主体及核心。

(二)国家专业农业技术推广机构的职责

乡镇以上各级国家专业农业技术推广机构的职责主要是:①参与制定农业技术推广计划并组织实施;②组织农业的专业技术培训;③提供农业技术、信息服务;④对确定的农业技术进行试验、示范;⑤指导下级农业技术推广机构、群众性科技组织和农民技术人员的农业技术推广活动。

三、农业技术的推广与应用

(一)农业技术推广项目的制定和实施

《农业技术推广法》第17条对农业技术推广项目的制定和实施作了明确规定:"推广农业技术应当制定农业技术推广项目。重点农业技术推广项目应当列入国家和地方有关科技发展计划,由农业技术推广行政部门和科学技术行政部门按照各自的职责,相互配合,组织实施。"重点农业技术推广项目,科学技术行政部门应当列入科技发展计划,并指导农业技术推广行政部门组织实施。

（二）推广农业技术要农业科研、教育、推广相结合

农业科研、教育、推广三者之间有各自的功能和优势,把三者有机地结合起来,有利于发挥"三农"的整体功能和综合效益,推进农业科技进步,加快农业发展。《农业技术推广法》第18条规定:"农业科研单位和有关学校应当把农业生产中需要解决的技术问题列为研究课题,其科研成果可以通过农业技术推广机构推广,也可以由该农业科研单位、该有关学校直接向农业劳动者和农业生产经营组织推广。"上述规定强调了"三农"结合加快农业技术推广的作用,明确了农业科研、教育、推广各自的工作重点,并对农业科研和有关学校的技术成果推广问题进行了规范。

（三）农业技术推广的无偿和有偿服务

农业技术推广的目的在于把先进、实用的农业技术普及应用于农业生产实践,从而促进农业生产的发展,是一种以社会效益为主的公益性事业。其本质是国家对农业扶持的一种形式。因此,向农业劳动者推广农业技术要避免增加他们的负担。《农业技术推广法》第22条规定,国家农业技术推广机构向农业劳动者推广农业技术除法定情形外,实行无偿服务。所以,国家农业技术推广机构所需要的经费,应由政府财政拨给。

为适应农村市场经济发展的需要,调动农业技术推广机构、农业科研单位、有关学校和科技人员开发、推广农业技术的积极性,弥补事业经费的不足,《农业技术推广法》第22条第2款规定:"农业技术推广机构、农业科研单位、有关学校以及科技人员,以技术转让、技术服务和农业技术承包等形式提供农业技术的,可以实行有偿服务,其合法收入受法律保护。进行农业技术转让、技术服务和技术承包,当事人各方应当订立合同,约定各自的权利和义务。"

(四)农业技术推广的法律责任

在农业技术推广中,为保护农业劳动者的利益,调动农业劳动者和农业生产经营组织采用农业技术的积极性,推广农业技术的组织和个人要保证其推广的农业技术在推广地区具有先进性和适用性,并且要按照农业劳动者自愿的原则推广应用,不得强行推广,否则应当承担农业技术推广的法律责任。《农业技术推广法》第19条规定:"向农业劳动者推广的农业技术,必须在推广地区经过试验,证明具有先进性和适用性。向农业劳动者推广未在推广地区经过试验证明具有先进性和适用性的农业技术,给农业劳动者造成损失的,应当承担民事赔偿责任,直接负责的主管人员和其他直接责任人可以由其所在单位或者上级机关给予行政处分。"第20条规定:"农业劳动者根据自愿的原则应用农业技术。任何组织和个人不得强制农业劳动者应用农业技术。强制农业劳动者应用农业技术,给农业劳动者造成损失的,应当承担民事赔偿责任,直接负责的主管人员和其他直接责任人可以由其所在单位或者上级机关给予行政处分。"这些法律责任的规定,是与农业技术推广应遵循的原则相呼应的。

第二节 发展现代农业

中国是一个农业人口众多的发展中国家,农业发展一直以来都是国民经济的重要环节,也是经济发展、社会稳定的重要基础。农业是安天下、稳民心的战略产业,事关我国现代化建设大计、民生大事,任何时候都不能动摇和削弱。目前,我国正处于工业化中后期、城镇化加速推进的关键时期,农业占GDP的比例虽然仅为10%左右,但农业的基础地位不仅不能改变,而且会更加突出和强化。农业的现代化发展关系到国家粮食安全,关系到13多亿人口的吃饭问题、6.4亿农村人口的就业与增收问题,关系到我国工业化、城镇化、信息化发展的稳步推进,关系到统筹城乡、区域协调与可持续发展的长远战略。

一、农业现代化是整个国民经济现代化的安全基石

农业是人类的衣食之源、生存之本。长期以来,我国农业在国民经济发展中扮演着十分重要的角色。"农业丰则基础强,农民富则国家盛,农村稳则社会安",我国国民经济的持续快速发展得益于农业的基础作用。

从认知层面上看,早在新中国成立初期确定国家发展道路问题时,毛泽东就指出:"我国是一个农业大国,发展工业必须和发展农业同时并举。"并提出了"以农业为基础,以工业为主导"的方针。进入20世纪80年代,邓小平在多次谈话中也强调,要坚持以农业为基础,强调把农业放在各项产业发展的首位。"确立以农业为基础、为农业服务的思想。"进入21世纪,党中央承前启后,创新性地提出了新时期农业现代化的发展战略,包括统筹城乡发展、农业产业化发展、区域农业持续发展,以及"科技兴农"发展战略,分别从空间、产业、区域和科技等层面,概括提出新时期农业现代化发展目标。党的十八大报告明确提出,坚持走中国特色新型工业化、信息化、城镇化、农业现代化道路。首次提出同步发展农业现代化,这是对农业现代化的最新定位,确立了农业现代化与其他"三化"同等重要、不可替代的战略地位。

从实践层面上看,新中国成立到改革开放初期,我国农业发展的核心任务是为工业发展提供劳动力和原材料资源,国家实行了严格意义上的农村支援城市,农业支持工业的发展战略,工农产品价格"剪刀差"使农村居民的收入水平和生活水平明显低于城市居民,农业现代化的发展步伐相对较慢。党的十一届三中全会召开之后,随着改革开放战略的深入推进,我国工业化、城镇化进程也随之加速。特别是在党的"十六大"提出"五个统筹"背景下,统筹城乡发展、工业反哺农业、城市支持乡村

的转型战略出台,为加快我国农业现代化发展提供了政策支持和支撑。国际实践经验证明,实现国家现代化,必须以农业现代化作为保障和前提;实现国民经济的快速发展,必须将农业现代化作为发展的基石。党的十八届三中全会作出了全面深化改革若干重大问题的决定,要求加快构建新型农业经营体系。坚持家庭经营在农业中的基础性地位,推进家庭经营、集体经营、合作经营、企业经营等共同发展的农业经营方式创新。

二、农业现代化是繁荣农村经济的必由之路

农业现代化是我国农业与农村经济繁荣、持续发展的必由之路,是建设社会主义新农村的重要支撑和保障,是促进粮食生产稳定发展和农民持续增收的必然要求。中国农村发展的落后,首先是经济的落后。改变农村落后面貌,激活农村发展活力与创新能力,建设社会主义新农村,其首要任务是加快建设现代农业,繁荣农村经济,大力发展农村生产力,提高农民生活水平和生活质量。脱离了现代农业的发展,农村其他各项建设就会丧失坚实可靠的物质基础。

粮食生产稳定发展、农民收入持续增加,是我国农业与农村工作的两大基本目标和长期任务。虽然我国实现了粮食产量的十年持续增长,农民收入增幅也逐渐加大,但目前制约农业与农村发展的深层次矛盾尚未消除,促进粮食生产稳定发展、农民持续增收的长效机制尚未建立,耕地资源、水资源的约束不断加大,农业生产条件依然落后,农业经营效益仍然较低。当前和今后一个时期继续保持农业增产增收良好势头的基础并不牢固,促进农村经济增长的原动力日显不足,农业现代化发展成为解决这一问题的根本途径。

通过推进农业现代化,改善粮食生产条件,提高粮食综合生产能力。通过农业生产手段的现代化、生产技术的科学化、经营方式的规模化、生产服务的社会化、生产布局的区域化、基础设

施的现代化,可以全面改善农业生产条件,提升农业综合竞争能力。通过完善和强化农业扶持政策,加强农业补贴的力度及其针对性,可以保障粮食生产的持续性和稳定性。

通过推进农业现代化,实现农业产业化经营,延长农业产业链,可以优化农业生产要素,不断提升农产品价值,扩大农业就业范围,提高农业就业品质。因此,推进农业现代化能够让农业经营更有效益,让农民留在农村体面就业,让农业成为有奔头的产业。农民在农业现代化进程中不仅是重要的主导者,而且也应成为最大的受益者。

三、农业现代化是"四化同步"发展基础和必然要求

党的"十七大"报告首次提出"走中国特色的农业现代化道路",党的"十八大"报告再次指出"应坚持走中国特色的新型工业化、信息化、城镇化、农业现代化道路,推动城镇化和农业现代化的相互协调,促进四化的同步发展"。工业化、信息化、城镇化和农业现代化是我国社会主义现代化建设的重要组成部分。工业化、信息化和城镇化需要农业现代化提供物质、人力资源,以及广阔的市场,农业现代化需要工业化、信息化和城镇化的支持、辐射、带动。必须以新型工业化、信息化带动和提升农业现代化水平,以城镇化带动和推进新农村建设,以农业现代化夯实城乡发展一体化基础。

农业现代化与工业化、信息化、城镇化发展应是一体的。从世界经济社会发展历程看,一些国家在工业化、城镇化建设进程中,注重同步推进农业现代化发展,出台优先支持农业的保护和扶持政策,从而平稳较快地迈进现代化国家行列。然而,有一些国家和地区,在工业化、城镇化发展过程中,忽视了农业现代化的基础性地位,结果出现了农业衰退、农村贫困、城乡差距拉大,以及城市失业人口过多、公共服务严重不足等现实问题,甚至导致社会动荡、经济萧条。改革开放以来,我国经济建设与社会发

展的经验也充分证明,只有着眼于国民经济与社会发展全局,稳定农业生产和推进农业现代化,发挥工业化、信息化、城镇化对农业现代化的支持和带动作用,才能从根本上促进解决"三农"问题,推进城乡经济社会一体化发展。

农业现代化有利于推进工业化、城镇化的健康发展,关键在于农业现代化能够有效整合农村资源、提高农业生产效率,释放农村剩余劳动力和土地资源潜力,进而为城镇化和第二、三产业的协调发展提供劳动力与土地保障,促进城镇化的质量提高,推动工业化的持续发展。

加快工业化进程能够提升农业现代化水平,是因为工业化可带来制造业及相关非农产业部门在国内生产总值中所占比例的不断上升,增加农业科技含量和物质产品总量,降低农业材料与机械产品生产成本,实现农业机械化水平提高和农业生产效率提升,从而推动农业现代化。同样,健康的城镇化进程,能促使农业剩余劳动力向城镇第二、三产业转移,通过优化农村人地关系,为农业规模经营、标准化生产提供重要物质基础、技术装备和土地保障。城镇化进程中土地非农化及其非农收益反哺农业,有利于激励农业生产效率的提高,进而促进集约农业、高效农业、园区农业、有机农业、工厂农业的兴起和发展,稳步推进农业现代化。

创新驱动是工业化、信息化、城镇化和农业现代化的不竭动力。工业化、城镇化进程中各类资源在城市集聚,总体上有利于促进科技创新、技术研发和应用推广。根据比较优势与市场需求准则,逐步形成中国特色农业科技创新与推广体系,促进农业科技水平稳步提高,为科技型、内涵式、高效性的现代农业发展创造优越条件。同时,大量进城务工的农村劳动力直接参与了工业化、城镇化进程,如果他们返乡创业建设家乡,能将城市地区较为先进的经营、管理经验和技能带回农村传播,有利于搭建城乡要素、产品自由交换的新平台,为现代农业新的要素组织、方式变革带来新的活力和动力,因而成为新时期中国农业现代化发展的重要推动力量。

四、农业现代化是推进城乡一体化发展的重要途径

党的"十八大"报告强调,"解决农业农村农民问题是全党工作重中之重,城乡发展一体化是解决'三农'问题的根本途径",将城乡一体化发展提升到前所未有的战略高度。通过完善城乡一体化发展的体制机制,促进城乡要素平等交换和公共资源均衡配置,形成以工促农、以城带乡、工农互惠、城乡一体的新型工农、城乡关系。

我国总体上已迈入工业化中后期阶段,但工业发展的基础仍然较为薄弱,核心竞争力不强。随着产业转型和生产方式转变,吸纳农村剩余劳动力的能力将会减弱。而且,随着资源环境约束的加大,我国工业发展在今后相当长一段时间内仍将面临巨大挑战。因此,我国不可能像日本、韩国和欧美发达国家一样,依靠工业大幅度补贴农业。从我国基本国情来看,在今后相当长时期内,工业反哺农业、城镇支持农村会处于较低水平的初级阶段。我国人口城镇化率虽然已超过50%,但据相关专家估算,真正享受到城镇居民待遇的城镇人口仅为35%左右。在未来一段时间内,解决已经进城人口的基础设施和公共服务设施配置都将成为城市发展面临的巨大挑战。城市经济发展对近郊区乡村的带动作用明显,但对广大的远郊区乡村,由于大多数城市处于加速发展阶段,加上城乡二元结构的体制约束,其辐射带动作用仍然十分有限。

总体上讲,我国城乡一体化发展仍处于工业反哺农业、城市支持乡村的初级阶段,仅仅依靠工业和城市的带动,远远不能解决农业、农村和农民的现实问题。只有通过大力推进农业现代化建设,不断增强农业发展的竞争力、农村发展的活力和农民创业的能力,提高农业接受工业反哺的效率,强化乡村接受城市带动的效益,才能真正实现城乡发展一体化。

五、农业现代化是农业、农村可持续发展的根本保障

我国是世界上人口最多的国家,农业自然资源的总量较大,但人均资源拥有量却偏小,人均耕地和水资源拥有量均不及世界平均值的一半。农业发展总体上是剩余劳动力多,但人均资源少;农产品产量高(总单产),但人均产出少;物质投入总量多,但人均量相对少。农业生产在满足人们生存需求的同时,也会给生态环境带来了许多消极影响。农业资源和能源的过度消耗,严重破坏了农村生态环境,导致农村地区生态环境恶化、水土流失、土地退化、生物多样性减少。同时,还带来日益严重的食品安全问题,威胁到城乡居民的正常生产生活,影响着农业与农村可持续发展。

农业现代化是破解水土资源约束难题,实现农业环境友好、资源节约型发展模式的根本途径,也是实现农业与农村可持续发展的根本保障。通过农业现代化发展,提高农业生产效率、改善农业生产条件,使农业资源得到合理的开发利用。通过不断革新农业生产技术,创新农业生产理念,改善农业生产管理模式,推进循环农业、生态农业发展,进而减小对环境的影响和破坏,通过农业生产的生态化、高效化,促进农业与农村的可持续发展。

第三节 树立创新意识

一、创新的基础

一位民族文化巨人曾经说过:一个人不可能抓住自己的头发脱离地球。这句话中的思想内涵是广泛而又深刻的,至少告诉我们一个基本的人生道理:生活于社会中的人们绝不能脱离一定的社会环境,同时也不可能完全脱离环境而独立。只有在一定的生活环境中,人才能健康地成长起来。

与此相一致,一个人不可能割断自己与历史、与父辈间的脐带,而仅靠个人脑海里固有的东西成就一个完善的自我。一个人要立得更高,就必须站到父辈的肩上去。要想获得更大的成就,就不可能离开父辈的教育培养,不可能离开父辈们的成功经验的引导和挫折教训的启迪。同样,一个民族要变得更强大,就离不开全民族一代代人前仆后继的奋斗。这就是人类发展的基本规律。

今天,有些人被种种漂亮外衣包裹起来的所谓"新潮"所惑,准备"抓住自己的头发离开地球"。他们常常会产生错觉,认为父辈思想观念陈旧了,经验落伍了,行为表现土气了,跟不上时代发展步伐了。对于讲历史,讲传统,讲父辈们走过的路,他们不以为然,嗤之以鼻。然而,这些人恰恰忽视了父辈思想和经验给我们带来的巨大影响。如同华夏文化给整个中华民族带来的影响一样,民族文化是通过各种渠道进入每个人的思想中来,甚至深入到每一个人的血液中,不管你走到哪里,不管你居于什么样的国家,都不可能把民族文化的印迹从自己身上完全消除掉。我们的父辈在漫长的历史过程和艰苦卓绝的斗争中,以鲜血和生命凝成的经过历史验证的大量宝贵而又丰富的精神财富,也不可能从我们的生活中完全消除掉。换句话说,你可以否认这些精神财富的价值,却不能无视这些精神财富的存在;你可以不去主动地追求和接受它,却不可能不在生活中随时随地感知它,并受到潜移默化的影响。

很多成功者都是从贫困的农村和山区走出来的,父母纯朴的感情和自强不息、奋发进取精神的影响,就是成功的基本成因。他们从不为自己的出身而感到低人一等,恰恰相反,正是由于出生在农村或山区,他们才早早体味了痛苦、幸福、贫穷、富有这些人生的基本要素,从父辈的教诲中汲取着成功的精神营养。

也就是说,感人的事处处有,能感感人之事的心并非人人有,关键是看你能不能、是不是主动去接受父辈精神存在的陶冶与感动。实践证明,一个人的成长离不开父辈的培养。一个生活于当今社会的青年人,只有发自内心地想去"读"父辈那种遇艰难而不辍、遇曲折而不悔、为信仰和追求甘愿舍弃一切的精神,才能真正"读懂"其中最深沉、最本质、最可贵的东西,才可以找到人生的支点,找到正确思想感情与精神动力的源泉,找到成功的出路所在。

父辈在他们走过的人生道路上,创造的不仅是辉煌,也有失落;不仅有经验的可喜,也有教训的沉痛;不仅有甜蜜,也有苦涩……然而,正是因为有了他们那来自生活中实实在在、可感可见的人生体验,才足以成为我们人生的坐标,成为我们前进中作为判断和鉴别事物的参照系,才给我们以深深的教益,使我们更聪明,更深刻,更少犯错误,最终走向成功。

如果说在每一位伟人产生的背后,必然有一位伟大的父亲或母亲的话,那么,中华民族在我们这一代人手中屹立于世界民族之林,也离不开父辈奠定的坚实的基础,包含着父辈悲壮而又顽强的努力。

以发展的眼光来看,父辈的文化知识可能不如我们多,见识不如我们广,事业不如我们更辉煌。但谁又能否认,我们之所以比父辈表现得更出色,是因为我们站在了父辈坚实而又宽阔的肩上,是父辈以血汗培育出我们的辉煌。没有父辈的艰难曲折,就没有我们今天的存在,更没有我们明天的美好!

二、农业科技特派员的主要职责

农业科技特派员制度是以满足"农民增收、农村发展、农业增效"的科技需求为根本出发点,以市场机制为主、政府引导为辅,以科技人员利益、个人价值实现为导向,通过"利益共享、风险共担"机制建立利益共同体,使科技特派员与农民供求有机结合而形成自下而上的创新型农村社会化科技服务制度。科技特派员制度以科技为纽带,以农民和科技人员为主体,用市场机制重组现代生产要素,通过机制创新和制度创新把技术、人才、资金、管理等现代生产要素植根于农村,是我国农业技术推广体系的新生力量。

各地区结合实际情况,探索了各具特色的科技特派员试点工作的机制和模式,发展和丰富了科技特派员制度,初步形成了以西部地区为主,中部地区积极参与,逐步扩大至东部的格局,均取得了良好的经济和社会效益。

通过引入利益机制,科技人员以资金入股、技术参股等形式,与农民结成经济利益共同体,实行风险共担、利益共享,提高了科技服务的质量与效果;在科技特派员的选择上遵循供需双方择优选择的市场规律,根据农民需要,尊重科技人员意愿,充分调动了科技人员和农民的积极性,实现科技资源供给和农民科技需求的有效结合,提高了科技资源的配置效率,优化了农业产业结构;科技特派员制度注重科技大户的示范带动效应,结合当地资源特色开展产业化开发工作,把服务内容向产前、产后延伸,由单一的技术服务向包括生产资料供应、信息服务、市场销售等综合性服务转变,为建立农村科技推广体系提供帮助。

第四节　新型职业农民的创业

一、抢抓农业创业的机遇

所谓"三农"问题,是指农业、农村、农民这三大问题。中国是一个农业大国,农村人口接近9亿人,占全国人口70%;农业人口达7亿人,占产业总人口的50.1%。"三农"问题的解决必须考虑农业自身的体系化发展,还必须考虑三大产业之间的协调发展。"三农"问题的解决关系重大,不仅是农民兄弟的期盼,也是目前党和政府关注的大事。

近几年来中央连续5个"一号文件"都锁定在"三农"问题上。按照"坚持以人为本,加强农业基础,增加农民收入,保护农民利益,促进农村和谐"的目标和取向,利用好农业政策平台是农业创业者必走的"捷径"。其特点是操作性强,导向明确,重点突出,受益面大。在这个情况下,农业创业者则面临着前所未有的政策机遇,这些优惠的农业政策为农业创业者进行创业,提供了良好的创业机会。

二、确定农业创业项目

通过认识农业创业的优势后,创业者在创业时要做的第一件事情就是要选择做什么行业,或者是打算办什么样的企业,如在土地里选择种植什么、池塘里选择养殖什么、利用农产品原料加工成什么新产品、为农业生产提供什么服务等,也就是要选择农业创业项目,这是创业者在创业道路上迈出的至关重要的第一步。

(一)了解我国的行业分类

从总体说,我国的产业构成习惯上分为三大块。即第一产业、第二产业、第三产业。

第一产业就是产业链上的原料业。我国指的是农业(包括林业、牧业和渔业等),有的国家把矿业也列为第一产业。

第二产业就是产业链上的制造业,指的是以第一产业的产品为原料进行加工制造或精炼的产业部门。各国划分的范围也不尽相同。我国的第二产业指工业和建筑业。

第三产业就是服务业,也指第一、第二产业以外的其他行业,即不直接从事物质产品生产、主要以劳务形式向社会提供服务的各个行业。如交通、电信、商业、饮食、金融、保险、法律咨询乃至文化教育、科学研究等行业。

依据1984年国家计划委员会、国家经济委员会、国家统计局、国家标准局联合发布的《国民经济行业分类和代码》,上述产业又可以进一步细分为13个门类。

(1)农、林、牧、渔、水利业。

(2)工业。

(3)地质普查、勘探业。

(4)建筑业。

(5)交通运输业和邮电通讯业。

(6)商业、公共饮食业、物资供销和仓储业。

(7)房地产管理、公用事业、居民服务业和咨询服务业。

(8)卫生、体育和社会福利事业。

(9)教育、文化艺术和广播电视事业。

(10)科学研究和综合技术服务事业。

(11)金融、保险业。

(12)国家机关、党政机关和社会团体。

(13)其他行业。

在这13个门类的统属下,具体的小行业那可就千姿万态,不胜枚举了。

每位有心创业的农民朋友都不妨根据自己的职业兴趣,先从这三大产业群、13个行业门类中寻找出大致方向,再一步步地逐渐细化,使自己的创业目标既明确具体,又合乎自己的兴趣与现实条件,成功的几率自然也就相对地更大了。

(二)如何选择创业好项目

(1)选择国家鼓励发展、有资金扶持的行业。这是选择好项目的先决条件。因为国家鼓励的行业都是前景好、市场需求大、加上资金扶持,较易成功。如现代农业、特色农业正是我国政府鼓励发展的行业。

(2)选择竞争小、易成功的项目。创业之初,资金、技术、经验、市场等各方面条件都不是很好时,如选择大家都认为挣钱而导致竞争十分激烈的项目,则往往还没等到机会成长就被别人排挤掉了。成功的第一个法则就是避免激烈的竞争。

目前,人们的传统赚钱思路还在于开工厂、搞贸易上,因而关注、认识农业的人很少、竞争很小,只要投入少量的资金即可发展,有一定的经商经验及文化水平的人去搞农业项目,在管理、技术及学习能力上都具有优势。比现在从事农业生产的农民群体更容易成功。

(3)产品符合社会发展的潮流。社会在发展,市场也在变化,选择项目的产品应符合整个社会发展的潮流,这样产品需求会旺盛。目前我国的农产品价格还处于较低的价位,随着经济和生活水平的不断提高,人们对绿色食品、有机食品的需求会越来越大,产品价格也会逐步走高,上升空间大,经营这些项目较易成功。

(4)技术要求相对简单,资金回笼快。对于中小投资者而言,除了资金回笼快、周期短,同时项目成功的因素还取决于其技术的难易程度,这也是保证项目实施顺利、投资安全的因素,因此,选择技术要求相对简单的种植、养殖加工项目风险较小。

(5)良好的商业模式。商业模式是企业的赚钱秘诀。好的商业经营模式可以提供最先进的生产技术和高效的管理技术以及企业运营良好方案,这样可省去自己摸索学习的代价,能最快、最好、稳妥地产生效益。

三、制定创业计划

在寻找到创业项目之后,形成一份创业计划书是必不可少的。因为有创业项目后,还必须考虑合适的创业模式、恰当的人员组合和良好的创业环境。制定创业计划,就是使创业者在选定创业项目、确定创业模式之前,明确创业经营思想,考虑创业的目的和手段,为创业者提供指导准则和决策依据。

(一)创业计划的含义

创业计划是创业者在初创企业成立之前就已经准备好的一

份书面计划,用来描述创办一个新的风险企业时所有的内部和外部要素。创业计划通常是各项职能如市场营销计划、生产和销售计划、财务计划、人力资源计划等的集成,同时也提出创业的头三年内所有长期和短期决策制定的方针。

创业计划也是对企业进行宣传和包装的文件,它向风险投资企业、银行、供应商等外部相关组织宣传企业及其经营方式;同时,又为企业未来的经营管理提供必要的分析基础和衡量标准。在过去,创业计划单纯地面向投资者;而现在,创业计划成为企业向外部推销自己的工具和企业对内部加强管理的依据。

(二)创业计划的作用

"三思而后行"。做任何事情都要事先做好计划,创业尤其如此。在创业初期,创业者不可能对市场有很详细的调查数据,也无法准确地了解竞争对手的情况,创业计划可能不会规划出必然的蓝图,但是,至少有着以下几个方面的作用。

(1)把计划中要创立的企业推销给自己。通过创业计划的制订,创业者必须建立自信,应该以认真的态度对自己所拥有的资源、已知的市场情况和初步的竞争策略做一个简单的分析,并提出一个初步计划。通过将心中的设想编写成书面的、规范的创业计划,创业者可能会发现,事情原来并非想象中的简单,原来很多因素都没有想到,很多设想都不现实。这时候,需要创业者保持清醒的头脑,客观地、严肃地、不带个人主观情感地从整体角度审视自己的创业思路,并且适当地进行调节,使得计划更趋完美,以确保计划的可操作性。当然,通过撰写书面的创业计划,如果发现原来的设想根本不可能成为现实,创业者不得不放弃该创业念头时,千万不要勉强。

(2)把要创办的风险企业推荐给风险投资家。创业计划是创业融资的必备工具。对于初创的风险企业来说,创业计划的作用尤为重要。企业的成长基本上离不开外来资金。如果没有创业计划,创业者就无从知道创办这家企业所需资金的确切数目,也就不知道到底还缺多少资金。风险投资家都要求创业者提供创业计划,他们依据创业计划进行评价和筛选,选择他们认为最有发展潜力的企业进行投资。但是,必须明确的是,即使创业者不需要借钱、也不需要寻找合作伙伴,但必须撰写详细的创业计划。

(3)有利于获得银行贷款等其他资金。银行一般只要求申请贷款的企业提供过去和现在的财务报表。但是,初创的企业经营风险太大,为这类企业提供贷款,银行一般先要求创业者提供创业计划。对于银行来说,一份制作规范而专业的创业计划就等于一张考究的名片。一份书面的创业计划会提供很多的信息,是一份浓缩了的企业经营设想。一份详尽的、与众不同的、切实可行的创业计划将大大降低银行发放贷款的风险,增加获得贷款的机会。当然,创业计划也有利于初创企业获得其他形式的资金支持。

(4)有利于企业的经营管理。完美的创业计划可以增强创业者的自信,创业者会明显感到对企业更容易控制、对经营更有把握。因为创业计划提供了企业全部的现状和未来发展的方向,也为企业提供了良好的效益评价体系和管理监控指标。创业计划使得创业者在创业实践中有章可循。

创业计划还可以激励管理层以及公司普通员工。在创业初期,"人才可遇而不可求"。一个很重要的问题,就是如何让每一位成员了解本企业的发展战略和创业计划,并朝同一目标努力。如果企业内部的每一位员工对企业的发展战略有不同的看法,则企业就很难取得什么成就。获得认可的创业计划有助于把所有成员凝聚在一起,真正做到"心往一块想,劲往一处使"。

四、实施创业计划

通过策划和调研,真正确定了创业的项目,制定了创业计划书,开始实施创业计划时,你必须对创业规模、组织方式、组织机构、经营方式等方面做出决策,这将涉及一系列具体的问题,包括资金筹措、人员组合、场地选择、手续办理等。在这里,笔者将告诉你实施创业计划的一些条件准备和基本程序。

(一)创业融资

创业者成立企业,除了一些基本工作之外,还需要创业资金。拥有的资金越多,可选择的余地就越大,成功的机会就越多。如果没有资金,一切就无从谈起。对于广大的创业者来说,创业初期最大的困难就是如何获得资金。融资的方式和渠道多种多样,创业者需要进行比较,并确定适合于自己的融资方式和途径。

(二)人员组合

选择了创业目标,制定了创业计划,明确了创业模式,确定了产品或服务方案,资金也筹措到位后,选择最佳的人员配备和组合就成了创业者的一个重要任务。

创办一个企业,如果有一个充满活力和凝聚力、具有协调性和开拓性的人员组合体,这个企业必将有一个良性发展的开端,能极大地调动起每个员工的工作积极性,营造出一个团结协作、以企为家的和谐氛围。

人员的组合只有在一定的范围内,依据有关方法,遵循必要的人员组合原则和标准,才能使人力资源配置达到最佳状态。

(三)确定经营方式

初创业者,规模不论大小,因为大有大的优势(大船抗风浪),小有小的好处(小船好掉头),但发展到一定程度之后,"航速"已经平稳,一切走上正轨,就不能不讲究规模与技术水平。否则永远只能在低水平上徘徊,自身难以发展。而在市场经济中,得不到发展常常也就意味着衰败的来临。

农民工创业之初,企业的自身发展常常受到各种条件或因素的局限,规模与速度都很难尽如人意。偏偏小企业抗衡市场风浪的能力又非常孱弱,于是就陷入了一个怪圈:企业小,难抗风浪,困难多,一发展甚至生存更艰难,困难更多。

怎么解决这个难题?各地农民朋友已经想出了许多很好的办法。

(1)股份制。就是大家各出股金,集中管理运作,共同投入于某一项目。等于是举全体之力,奋力一搏。

(2)联营制。也称"公司+农户"。即对外是一个统一的公司,统一商标,统一营销,统购原材料,统一质量标准;对内实际上则是各家各户单独种植、养殖或加工制造,分批分类交货。

(3)协会制。就是组建行业协会,由协会统一质量标准或营销价格,各会员则自行组织生产、销售。

以上方法各有不同的适宜对象。创业中的农民工朋友们可以根据自己的情况来斟酌选择。

(四)场地选择

1991年4月23日,麦当劳在中国的第一个餐厅开业,由此创造了新的纪录,成为中国发展最为迅速、市场占有率最高的快餐食品。麦当劳的创始人曾经提到,商业成功中的3个重要因素就是选址、选址和选址。对于商业服务企业,只有选好址、立好地,才能立业、立命。有经验的企业家都能意识到选址定位的重要性。一些快餐业和超市连锁店经营失败的直接原因就是选址不当。

无论企业是刚刚开始,还是企业已经发展到成熟期,选址定位对企业的发展都是相当重要的。虽然选址要花费一定的精力、时间或金钱,但是如果能提高成功的几率,你所投入的一切完全是值得的。

第八章 提高职业农民经营管理的能力

第一节 获取农产品信息

随着信息技术的迅猛发展,农产品市场信息对农产品产销影响巨大。因此,提高广大农产品生产者对市场信息的获取能力,满足其对市场信息的需求,可推动农产品市场营销。

农民朋友可以将自己所有的关于农产品、农业生产资料的供应、需求信息公布到相关媒体上,以期得到相应的货源或销售渠道,这就是信息发布。

常用的信息发布渠道包括报纸、杂志、广播、电视、网络等。

目前,权威高的网站有:全国农产品批发市场价格信息网、12316农业综合信息服务平台、农享网(网址:http://www.nx28.com/),这些网站都能免费注册发布供求信息,还可加入地方商圈、行业商圈,让你更快捷、更方便的做生意。

此外,一些更容易传播信息的发布手段如电子邮箱、QQ、聊天室、博客、微信、视频、网店等现代网络信息发布的形式越来越受到消费者的欢迎。

第二节　学会市场营销管理

一、农产品产销组织的类型与作用

（一）农民专业合作

社为了提高农产品市场竞争力，《中华人民共和国农民专业合作社法》明确规定，农民专业合作社是在农村家庭承包经营基础上，同类农产品的生产经营者或者同类农业生产经营服务的提供者、利用者，自愿联合、民主管理的互助性组织。

农民专业合作社以其成员为主要服务对象，提供农业生产资料的购买，农产品的销售、加工、运输、贮藏以及与农业生产经营有关的技术、信息等服务。农民朋友可以通过加入合作社，解决买难卖难问题，降低农业生产成本，提高农产品的市场竞争力，增加收入。

（二）农产品行业协会

农产品行业协会属于农业中介组织的范畴，是生产、加工、销售农产品的市场主体为了维护和增加共同利益而在自愿基础上组建的不以营利为目的的组织。它是联系农民、农业企业、市场和政府的桥梁和纽带，具有民间性、服务性、准企业性和准政府性的特征。其主要职能：农产品行业协会一方面代表本行业与政府和立法机构处好关系，疏通会员与政府之间、会员与金融机构之间的渠道。另一方面，为会员提供业务指导、技术培训、市场咨询、经验交流、促进销售等多功能服务，尽心尽力地帮助会员单位解决在经营管理中的难题。提高会员农产品的销售业绩。

（三）农产品经纪人

农产品经纪人，是指专门从事农产品交易而收取佣金的组织或中间商人。其主要业务活动是为买方寻求卖方,为卖方寻求买方,通俗地讲就是为买卖双方牵线搭桥,促使供求双方完成交易的中介服务。他们一般不拥有农产品所有权,但由于我国农村市场经济发展的特殊性,有时也兼有农产品的集采和营销权。他们除了通过中介服务,收取佣金外,还可以通过农产品购销差价,获得利益。但不得从买卖当事人的任何一方领取固定的薪金。

(四)农产品批发市场、产地市场和农业会展经济

(1)农产品批发市场。在我国,现有的农产品批发市场主要有:政府开办的农产品批发市场,这是指由地方政府与国家商务部共同出资,参照国外经验建立起来的农产品批发市场,如郑州小麦批发市场。自发形成的农产品批发市场,这是指由民办而形成的农产品批发市场,一般是在城乡集贸市场的基础上发展起来的,如山东寿光蔬菜批发市场。产地批发市场,这是指在农产品产地形成的批发市场,一般都具有农产品的生产技术、土质、气候、光照、水源等良好条件,适于农产品生长,生产的区位优势和比较效益明显,产出的农产品不是靠当地市场消化。销地批发市场,这是指在农产品销售地,农产品营销组织将集货再经批发环节,销往本地市场和零售商,以满足当地消费者的需求。

(2)产地市场。农产品在生产当地进行交易的买卖场所。又称农产品初级市场。农产品在产地市场聚集后,通过集散市场(批发环节)进入终点市场(城市零售环节)。我国农村集镇,大多就是农产品的产地市场。

产地市场大部分是在农村集贸市场的基础上发展而成的。在农村集贸市场上,商品从四周流入市场,同时又从市场流向四周地区,但交易规模小,市场辐射面小,产品销售区域也小。随着经济的发展,人们的收入水平不断提高,特别是随着城市居民收入的不断增加,市场需求迅速上升。广大农民的生产积极性

持续高涨,农产品产量急剧增大。在此情况下,一方面是城市对农产品需求量增大,要求提高农产品的品质;另一方面,大量的农产品急需寻找销路,解决农产品买难卖难、流通不畅的社会问题。为此,政府出面开办农产品产地批发市场。一般来说,农产品产地市场都附有农产品整理、分级、加工机构,将初级农产品进一步商品化以后输出。

(3)农业会展。农业会展是以农业和农产品贸易为主要内容,以会议、展览、展销、节庆活动等为主要形式,以一定的场馆设施和展示基地为基础,有各类市场经营主体和消费群体参加的经济文化活动。与一般会展活动相比,农业会展不仅具备引领现代农业、带动相关产业、拉动区域和会展城市经济社会全面发展的功能,还由于办展地域的广泛性和产品直接面向大众消费的特点,对拉动县域及农村经济的发展和满足城市消费者需求发挥着重要作用。农民朋友可利用这些渠道,根据自身需要,积极参加农业会展,为农产品找到更好的出路。

(五)农超对接

农超对接模式中最基本的模式就是"超市+农民专业合作社"模式。专业合作社和超市是"农超对接"的主体,专业合作社同当地的农民合作,来帮助超市采购产品。专业合作社是实施农超对接的一个基本条件,正是由于专业合作社和大型超市的发展才使得"农民直采"的采购模式得以发展。除此之外,农超对接还有以下几种模式。

——"超市+基地/自有农场"模式

这种模式是指导超市直接走到地头去寻找农产品,建立自己的基地,相比较"超市+农民专业合作社"模式的主要优点是超市有了自己的基地,货源的数量和质量都得到了保证。即大型的连锁超市直接和农产品的专业合作社对接,建立农产品直接采购基地,实现大型连锁超市与鲜活农产品产地的农民或专业合作社产销对接。

——"超市+龙头企业+小型合作社+大型消费单位/社区"模式

这种模式的一个重要中介是龙头企业,农民合作社一方面组织农户进行规模化、标准化生产,另一方面又积极联络一些龙头企业,通过龙头企业对农产品进行加工、包装,把农产品的生产销售企业化,然后通过龙头企业和大型超市进行商量洽谈,最终把产品流转到消费者手中。

龙头企业成为超市和农户合作的一个重要纽带,这使得龙头企业和农户结成为一个利益的联合体。农民专业合作社成立的初衷就是把闲散的农户生产规模化,农民专业合作社的成立和农户有着密切的联系,农户对农民合作社比较熟悉、了解,所以接受程度上也比较快。龙头企业通过超市拓宽了农产品的销售渠道,并且龙头企业无论是在经济实力还是管理经验上都要优于农民专业合作社,这样在农超对接的实施过程中可以更好地与超市进行合作,为农民争取更多的利益。龙头企业一般是实行企业化运行,有着自己的一套农产品的生产标准和管理经验,更容易建立自己的品牌。一些大型的连锁超市还可以针对这些龙头企业进行专门的培训,使得产品达到国际化标准,更具有竞争力。

"农超对接"通过与高校食堂、大型饭店、宾馆的信息共享和利益共享机制,相互了解生产与交易情况,建立合作关系。农民增收关键在营销,胜负在市场,找到了好的营销方式和消费市场才能获得高效益,在有资金基础和政策支持下发展扩大农民专业合作社组织规模,农户应提高认识,加入到农民合作社中来,为小型合作社增添新的力量,使其规模发展,为将来与更大的销售终端合作建立稳定的基础。

——"基地+配送中心+社区便利店"模式

这种模式主要是面对距离大型连锁超市比较远的一些消费者,以连锁社区便利店作为主导,通过建立农产品的配送中心,与农产品的生产基地或者和当地的农民合作社直接对接。这种模式流通速度特别快,农产品销售的质量和数量由配送中心进行统一管理。对于生鲜农产品构建加工物流一体化的物流中心,实现农产品的快速高效配送,减少流通环节,延展农产品流通半径。

(六)社区直供

社区直供是介于"自种自销"和"农企对接"或"农超对接"的一种中间简单易物模式。它不经过任何中间商业媒介,操作模式类似于工业生产中的代工,即甲方下订单,乙方根据订单要求生产,产品由甲方收购。

二、农产品营销的价格策略

价格是农产品市场营销中重要的要素,它以农产品价值为基础,同时受到市场供求和市场环境影响,往往变化较大。农民兄弟要了解影响农产品定价的因素,同时要掌握一些实用的定价策略,做好农产品营销。

(一)影响农产品定价的因素

1. 成本因素

在农产品价格构成中,成本是定价的基础,俗话说"不做赔本的买卖",我们首先将"本"弄清楚。

农产品成本是农产品生产与销售环节的总支出,它等于固定成本与变动成本之和。其中固定成本是指农产品生产及营销过程中,相对于变动成本在一定时期和一定业务量范围内基本上不变的费用,如农业机械设备折旧、管理人员基本工资、保险费等;变动成本是指那些在一定范围内随着业务量的变动而发生变动的成本,比如购买农药、化肥等生产资料的费用。如果将总成本分摊到每个农产品上,就构成单位农产品平均耗费成本,我们称之为农产品单位成本。

2. 供求因素

确定农产品价格除了保本之外,还必须了解市场需求和供给情况。一般来讲,了解农产品成本是为了确定农产品价格底线;了解供求关系,则是为了给出农产品一个合理的市场价格以便盈利。

(1)农产品需求。农产品需求是指消费者在既定的时间和地点,以适当的价格所购买的农产品的数量。从市场角度讲,这种需求又可分为现实需求和潜在需求。一般来讲,农产品需求越大,其价格越高,正所谓"物以稀为贵",但价格攀升又限制了需求进一步扩大,最终导致供求平衡,形成均衡价格;而需求下降,也会导致价格下降。

当然,影响需求的因素有很多,一般包括:消费者偏好、消费者收入、该产品价格、替代品或互补品价格、消费者对该产品的价格预期等。

(2)农产品供给。农产品供给是指在一定时间、地点和市场价格下,市场可以销售的农产品数量。一般来讲,价格越高,意味着市场需求旺盛,有利可图,供给或愿意供给的数量就会越多;反之,价格越低,表示相对应的市场低迷,供给数量就越少。

另外,农产品供给受到气候等自然条件的影响比较明显,进而影响到农产品的季节性价格波动。如北京新发地农产品批发市场,2013年10月20日发布消息——10月,鲜嫩的水菜价格大幅下降:随着季节的变化,目前的天气适合叶类菜的生长,新发地水菜市场的叶类菜,从10月16—26日的10天时间平均降幅达到了34%。

3. 竞争因素

除了农产品自身品质和市场供需关系外,市场竞争是影响农产品价格的关键性因素之一,特别是当农产品质量差不多时,价格竞争成为产品竞争的"利器"。比如,都是一级国光苹果,如果时间成本和路程成本可以忽略不计,那么谁的苹果单价便宜一些,消费者就愿买谁的,谁就可能赢得客户。

4. 政府价格管制

农产品价格关系到农产品生产、农产品供给、农产品原材料供给、农产品加工以及消费者的日常生活,具有稳定社会的意义。如果农产品涨价过高,会带来一系列经济和社会问题,会造成社会的不安定情绪,因此,农产品价格往往受到政府的管制。

我国《关于改进农产品价格管理的若干规定》中规定:农产品价格管理实行政府定价、政府指导价和市场调节价3种形式。政府定价是指政府有关部门(如价格主管部门)依照价格法规定,按照定价权限和范围制定的价格。往往涉及与国计民生关系重大、带有战略性质的农产品,如粮食、油料、棉花等大宗农产品。政府指导价是指依照《中华人民共和国价格法》规定,由政府价格主管部门或者其他有关部门,按照定价权限和范围规定基准价及其浮动幅度,指导经营者制定的价格。政府指导价的范围一般涉及重要农产品。市场调节价是指由经营者自主制定,通过市场竞争形成的价格,政府可以通过经营手段实施间接影响。

(二)实用定价策略

农产品生产经营者为其产品定出基本价格后,在营销过程中还需要根据市场的供求状况、交易条件、竞争对手情况等因素的变化,及时调整产品价格,掌握营销的主动权。

1. 价格折扣与折让

折扣即打折,是为了刺激或报答顾客的某些行为,如预先付款、批量购买、淡季购买等,营销者通常要对基本价格作适当的调整,实行折扣与折让价格,即让利给顾客。常见的折扣与折让方式如下。

(1)现金折扣。这种方式是对那些及时付清账款的购买者的一种价格折扣。有一种折扣方式称为"1/10,信用净期20",其意思是购买者应在20天内付清货款,但如果在交货后10天内提前付清的话,则可打 1% 的折扣。这种折扣不是对某固定的客户,而是保证给所有符合条件的客户。这样的折扣在许多行业已成惯例,有助于改善销售商品的现金周转,减少赊欠和坏账损失。

(2)数量折扣。这种方式是销售商因买方购买量大而给予的一种折扣。例如,购买 10 千克以内的苹果,每千克价格为 2 元;购买 10 千克以上,则每千克 1.8 元。同样,数量折扣也必须是给全部的顾客,但是折扣额不能超过销售者大量销售所节省的销售、贮存和运输等成本。数量折扣的好处是可激励顾客从自己手中购买更多的产品。

(3)季节折扣。这种方式是对在淡季购买产品的顾客降低价格,以维持均衡生产经营。

(4)功能折扣。又称贸易折扣,是生产者和加工商根据中间商的不同类型和不同的分销渠道提供的不同服务给予不同的折扣。但是,生产、加工商必须在每一交易渠道中提供相同的功能折扣。

(5)折让。这种方式是根据价目表给顾客的价格折扣的另一种形式。这是卖方为了报答经销商支持销售活动所支付的款项或给予的价格折让。如在水果的营销中,卖方常给经销商一定的折让,以答谢这些经销商销售本公司水果所付出的劳动。

2. 差别定价

差别定价是根据交易对象、交易时间、交易地点等的不同,对某一种产品制定出两种或两种以上不同的价格,以满足顾客的不同需要,从而达到扩大销售、增加收益的目的。差别定价法的形式主要如下。

(1)顾客不同,定价不同。这种方式是对不同的顾客采取不同的价格。如农业生态游,对本地居民和外地旅游者实行不同的门票价格;即使是本地旅游者,也有政府部门与非政府部门之分。这主要是因为政府部门经常会将所接待的客人带至生态旅游区,客源稳定充足。

(2)种类不同,定价不同。这种定价方式是对不同花色样式的产品制定不同的价格。如同样的皮蛋,散装每枚 0.35～0.45 元;袋装并印上商标、厂址等简包装,每枚可卖到 0.50～0.60 元;4 枚或 8 枚纸盒简包装,每枚可卖到 0.60～0.70 元;50 枚精包装,可卖 120～150 元,每枚高达 2.40～3.00 元。

(3)形象不同,定价不同。有些生产经营者根据不同的形象给同一种产品定出不同的价格。例如,果汁生产商将其所生产的同种果汁装入不同造型的瓶子,分别给予命名,并制定不同的价格。

(4)部位不同,定价不同。这种定价方式是对产品的不同部分制定出不同的价格,即使这些部位成本是一样的。通常是根据消费者的喜好来定,往往消费者喜好比例高的部位定价高一些。如鸡的翅膀、大腿、鸡胸、鸡头、鸡爪、鸡脖子,不同的部位其价格也不同。

(5)时间不同,定价不同。在这种定价方式下,不同季节、不同日期甚至在同一天的不同时间,同种产品可以有不同的价格。在鲜活农产品销售中,经常采用这种定价方式。如草莓定价,早上价格最贵,因为早上刚上市,外观、口感都好;晚上价格要便宜些,因为放了一天之后,口感下降,品相也变差,如不降价销售,有滞销的风险。

3. 促销定价

贪图便宜是许多消费者的一种潜在心理状态,"一个便宜,三个爱"。营销者抓住这种心理,常将要出售的产品以低价招来顾客。通常利用节假日和换季时节进行所谓的"优惠酬宾大减价"和"买一送一"活动,把部分产品按原价打折售出,以促进销售。促销定价常采用以下方法。

(1)牺牲品定价。超级市场和粮油副食商店以少数品种作为牺牲品,将其价格定低,以吸引顾客进店,并希望这些顾客在购买"牺牲品"的同时,也购买其他正常标价的商品。

（2）特别事件定价。销售者在某些特定的时间、场合、节日或社会活动日,将某些商品价格做较大幅度下调,以吸引大量的顾客。如在端午节,一些超市就将粽子降价销售。

4. 心理定价

心理定价就是在制定价格时,根据不同类型消费者的购买心理来制定价格。

如尾数定价,就是对产品的定价不取整数,保留或有意制造尾数,这是因为保留尾数可以降低一位数价格,给人一种"便宜"的心理感觉。譬如,500克猪肉的价格定为9.9元,而不是10元。

再如习惯定价,对许多日用品,如大米、食用油,由于消费者经常购买,在一段时期内形成了一种习惯价格。销售这类商品宜按照习惯定价,不能频繁而又大幅度地变动价格,否则,会引起消费者的不满。

第三节　学会家庭农场经营管理

一、土地有序流转才能有稳定发展

土地既是农业最重要的生产要素,也是农民最重要的家庭财产。以农村土地家庭承包经营为基础发展专业大户、家庭农场,就需要通过流转土地经营权来扩大规模。按照中央的要求,依法赋予农民更加充分、更有保障的土地承包经营权,现有土地承包形成的全部权利义务关系保持稳定。

农村土地承包经营权流转是随着农村劳动力转移而出现的必然现象,反映了农地合理利用和优化配置的客观要求,适度规模经营、提高农地利用率和劳动生产率具有重要作用,是发展专业大户、家庭农场的必要条件。

近些年来,随着农村劳动力大规模转移,土地流转速度明显加快。到2012年年底,全国土地承包经营权流转面积达到2.7亿亩,占到总承包(合同)面积的21.5%。

专业大户、家庭农场在土地流转过程中,要依法办理土地经营权流转手续,使流转的土地有一个稳定的经营预期,才能保证经营土地的稳定性和可持续利用。

由于对专业大户没有户籍和雇工方面的限制,其经营规模的上限没有规定。而对于专业大户、家庭农场,因为要求以家庭成员为主要劳动力,就有一个适度经营规模的问题。

二、量力而行确定生产规模

农业部组织专家以水稻、小麦、玉米生产为例,假设南方每年两季、北方每年一季,对不同条件下适度规模的目标值进行了测算。当前条件下的适度规模,北方地区为120亩,南方地区为60亩。各地根据本地的实际情况一般都有具体的规定。

三、懂技术还要善经营会管理

与传统农户相比,专业大户、家庭农场的一个显著特点是集约经营。所以,经营者应做到懂技术、善经营、会管理,这样才能把地种好,把畜禽养好,增加经济收入。

【经典案例】

懂技术、善经营,才能有个好收成

福建省福清市陈先生,2012年租赁经营土地564亩,其中,200亩交由浙江人种西瓜,364亩由自己直接耕种。浙江农民共雇用了5个人,其中,有两个是从浙江请过来的技术人员,有3个人是在本地找的临时工,这样技术就有了保障。

364亩土地由陈先生家里人负责耕种。先种一季早稻,早稻收割完后再种蔬菜。在早稻生产过程中,种子从市场上购买;翻耕土地找机耕服务队,每亩100元,一天能翻耕30亩左右;插秧找当地找农民,每亩130元;施用的化肥由农资公司送货上门,然后在当地找人施肥,每天人工费80元;病虫害防治,雇工进行统防统治;机械收割每亩付费60元;稻谷直接卖给当地大米加工厂。据陈先生推算,2012年一亩水田单季水稻产量550千克,每100千克售价260元,亩收入1 430元,扣除包括人工、地租、种子、化肥等生产性费用800~900元,每亩纯利润为400~500元。种植蔬菜主要靠雇用工人,到了蔬菜收割季节,会有很多外地人来收购,或直接卖给当地的蔬菜收购公司。

(资料来源:农业部农村经济研究中心提供的调研案例)

四、认证登记与做好生产记录

专业大户、家庭农场是在家庭承包经营的基础上发展起来的。

专业大户、家庭农场,如果是经过登记的企业法人,应有独立的企业台账,做好财务收支记录;如果只是经过认定的自然法人,虽然没有严格的财务管理规定,做好财务记录对于成本核算也是有好处的。做好生产记录,是了解生产过程、开展农产品质量追溯的基础。你的产品好不好,生产过程是否符合标准化生产的要求,往往要通过生产记录来证明。同时,完整的生产记录有利于总结经验,发现问题也好查找出处。

五、合适的市场与对路的产品

专业大户、家庭农场,绝大多数是一业为主,而且生产的农产品比较稳定,受农产品市场和价格影响较大。因此,应当立足当地的自然资源和市场优势,生产适销对路的农产品。如果是特种种植或者养殖产业,一定要做好市场调查,防止生产出来的产品卖不出去。即使是当地习惯生产的农产品,也会出现市场风险。

【经典案例】

生产适销对路的农产品很关键

福清市种植大户陈先生,2013年上半年种植了184亩莴笋,到收割时由于市场行情不好,他生产的莴笋市场价格只有9分钱500克,最后没有办法,只好用机器把所有莴笋都打烂在地里用做肥料。之所以要把莴笋打烂在地里,是因为卖莴笋的收入还不够收获时雇用劳动力的人工费用,更不用说折抵其他生产费用。据他测算,2013年上半年生产莴笋,每亩损失高达3 300元,共计损失约60万元。

(资料来源:农业部农村经济研究中心提供的调研案例)

陈先生种植莴笋只是等人来收购或者卖给当地的蔬菜收购公司,并没有想到今年行情不好,卖不出去。这个例子说明,生产前应主动了解市场信息,最好与经销商签订销售协议,有了订单,心里更踏实。

六、生产过程需要分工合作

随着现代农业发展和家庭经营规模扩大,许多专业大户、家庭农场不仅需要雇佣长期工,还需要雇用短期工。特别是大田粮食作物有季节性,农忙时人手不够的现象很普遍。近年来,农忙季节临时雇工非常困难,且价格不断上涨。因此,充分利用农民合作社和各类农业社会化服务组织,把一家一户办不了或者办起来不划算的事,通过社会化分工,由各类服务组织去做,是一个既省力又省钱的办法。

社会分工是提高工作效率的重要组织形式。发展专业大户和专业大户、家庭农场,也是我国实现农业生产专业化、规模化的重要途径。因此,我们要认识到小而全自给半自给小农生产模式的局限性,培养合作意识要家庭成员合理分工,明确工作目标和责任,还要在生产过程中充分利用社会资源,提高工作效率和经济效益。

七、农户家庭的理财方法

农户家庭的理财与城市工薪家庭有许多不同之处,后者往往有固定的收入来源,并能获得较多理财产品的服务。而就农户家庭来讲,要做好家庭预算,你得把自己的全部财富分成三份:第一份用来确保满足现有生产经营项目对资金投入的需要,第二份用以保证家庭物质文化生活的需要,剩余的第三份才是我们手里的闲钱,如何用好用活这三份钱,是农户家庭理财的主要内容。搞好家庭经济核算。这是农户家庭理财的基础。用兵之道,要做到"知己知彼",如果我们连自己的"家底"都不清楚,那就犯了兵家大忌了。

农户家庭经济核算,简单地讲就是要在记好家庭经济账的基础上,做好一定时期内收、支的计算、比较和分析。据此才能查明盈利和亏损的原因,从中找到降低支出、增加收益的方法,帮助我们正确决策,及时发现并修正在决策、计划中出现的误差,找到弥补的办法和措施。

如何搞好农户家庭经济核算呢?提出以下建议。

创造条件坚持搞好家庭经济账。可在当地有关专业人员(如村会计)的指导下自行记好家庭账,或联合几户共同聘请会计记账。

要根据需要购买必要的账、表,杜绝"肚皮账"。

账目登记要做到"桥归桥、路归路"。也就是将生产经营的收支与生活消费的收支,要严格分开来记录,不能混淆不清。

登记账目要及时并按时间顺序逐笔记录清晰,不能记"堆堆账"。

八、确立正确的理财准则

在大多数老百姓眼里,"投资理财＝储蓄",但在物价涨得比利率快的情况下,把闲钱存在银行,实际价值却在缩水。所以说,长时间存放大量的闲钱会造成家庭财务的"通货膨胀"。所以,科学理财必须遵循以下4条准则。

你的理财的目的是什么?家庭理财的根本目的就是家庭财产保值、增值,使家庭经常处于"收入大于支出"的状态,不会因为"无钱"而导致家庭财务危机,影响家庭生活。

你的风险承受力有多大?切勿追收益忘风险。比如民间借贷不能只看到它的高额收益,更要考虑其风险。

你能够理性消费吗?消费要量力而行,不要盲目和攀比,尤其是建房、购物和五花八门的人情消费,应该有自己的底线,所有的支出都要"量入为出"。

你给自己留好退路了吗?要注意确保自己及家人医疗养老保障等没有后顾之忧,要有专门的储备,轻易不要动用。

九、精心打理自己的家产

如何才能打理好自己那份家产呢?

第一,要养成良好的理财习惯。要领是切勿把"小钱"不当钱,要有"小流也能汇成川"的理财观念。

第二,要有合理的理财目标。要常常问问自己:想达到什么样的理财效果?是保值呢?还是减少开支?是要扩大经营规模呢?还是要建房、子女教育、养老?理财目标不同,可选的方法也不同,如果是用以养老或子女教育,那么最好选择风险较小的理财方式。

第三,要掌握合理的理财方法。低收入家庭承受风险能力较差,理财要求绝对要稳健,储蓄是首选;中高收入家庭除确保家庭经营的近期和长远发展外,可在有关专家或有经验的亲朋好友指导下,适当拓宽理财渠道,以分散理财风险,增大理财效果,例如,可以适当涉足包括储蓄、债券、银行理财产品、基金或股票在内的投资组合。

第四,要有健康的理财心态。这是农户家庭理财最关键之处,绝不能存有赌博的心理。其实对绝大多数农户来讲,家庭理财更多的是合理规划目前的收支,多为将来积累一些资金。

第九章　提高新型职业农民的品牌意识

第一节　无公害农产品

一、无公害农产品的概念与特征

（一）无公害农产品的概念

无公害农产品是指产地环境、生产过程、产品质量符合国家有关标准和规范的要求，经认证合格并允许使用无公害农产品标志的未经加工或初加工的食用农产品。无公害食品生产过程中允许限量、限品种、限时间地使用人工合成的安全的化学农药、兽药、渔药、肥料、饲料添加剂等。

无公害农产品应定位于保障基本安全、满足大众消费。生产无公害农产品要求产地环境符合相应无公害农产品产地环境的标准要求，是推荐性的；产品符合无公害农产品安全要求，是强制性的；并按照《无公害农产品生产的技术规程》管理和生产农产品。

无公害农产品认证的办理机构为农业部农产品质量安全中心，负责组织实施无公害农产品认证工作。无公害农产品认证是政府行为，认证不收费。

根据《无公害农产品管理办法》（农业部、国家质检总局第十二号令），无公害农产品认证分为产地认定和产品认证，产地认定由省级农业行政主管部门组织实施，产品认证由农业部农产品质量安全中心组织实施，获得无公害农产品产地认定证书的产品方可申请产品认证。

(二)无公害农产品的特征

无公害农产品具有安全性、优质性、高附加值3个明显特征。

1. 安全性

无公害农产品严格参照国家标准,执行省级地方标准,具体有3个保证体系。

(1)生产全过程监控。产前、产中、产后三个生产环节严格把关,发现问题及时处理、纠正,直至取消无公害食品标志。实行综合检测,保证各项指标符合标准,如粮食有20个项目22项指标,蔬菜有19个项目21项指标。

(2)实行归口专项管理。根据规定,省级农业行政主管部门的农业环境监测机构,对无公害农产品基地环境质量进行监测和评价。

(3)实行抽查、复查和标志有效期制度。

2. 优质性

由于无公害农产品(食品)在初级生产阶段严格控制化肥、农药用量,禁用高毒、高残留农药,建议施用生物肥药和具有环保认证标志的肥药及有机肥,严格控制农用水质,因此,所生产的食品无异味,口感好,色泽鲜艳;无有毒、有害添加成分。

3. 高附加值

无公害农产品(食品)是由省级农业环境监测机构认定的标志产品,在省内具有较大影响力,一般价格较同类产品高。

二、无公害农产品施用农药的规定

为从源头上解决农产品尤其是蔬菜、水果、茶叶的农药残留超标问题,无公害农产品的生产不得使用国家明令禁止使用的农药:六六六(HCH),滴滴涕(DDT),毒杀芬(Camphechlor),二溴氯丙烷(Dibromochloropane)、杀虫脒(Chlordimeform)、二溴乙烷(EDB)、除草醚(Nitrofen)、艾氏剂(Aldrin)、狄氏剂(Dieldrin)、汞制剂(Mercurycompounds)、砷(Arsena)、铅(Acetate)类、敌枯双、氟乙酰胺(Fluoroacetamide)、甘氟(Gliftor)、毒鼠强(Tetramine)、氟乙酸钠(Sodium fluoroacetate)、毒鼠硅(Silatrane)等。

在蔬菜、果树、茶叶、中草药材上不得使用或限制使用以下农药:甲胺磷(Methamidophos)、甲基对硫磷(Parathionmethyl)、对硫磷(Parathion)、久效磷(Monocrotophos)、磷胺(Phosphamidon)、甲拌磷(Phorate)、甲基异柳磷(Isofenphosmethyl)、特丁硫磷(Terbufos)、甲基硫环磷(Phosfolanmethyl)、治螟磷(Sulfotep)、内吸磷(Demeton)、克百威(Carbofuran)、涕灭威(Aldicarb)、灭线磷(Ethoprophos)、环硫磷(Phosfolan)、蝇毒磷(Coumaphos)、地虫硫膦(Fonofos)、氯唑磷(Isazofos)、苯线磷(Fenamiphos)、三氯杀螨醇(Dicofol)、氰戊菊酯(Fenvalerate)。

《中华人民共和国农业行业标准》对各类无公害农产品中禁用农药的品种作了详细的规定如下,各种农药在农产品中的最高允许残留量可参见具体的无公害农业行业标准。

(一)无公害蔬菜白菜禁用农药品种

甲拌磷(3911)、治螟磷(苏化203)、对硫磷(1605)、甲基对硫磷(甲基1605)、内吸磷(1059)杀螟威、久效磷、磷胺、甲胺磷、异丙磷、三硫磷、氧化乐果、磷化锌、磷化铝、甲基硫环磷、甲基异柳磷、氰化物、克百威、氟乙酰胺、砒霜、杀虫脒、西力生、赛力散、溃疡净、氯化苦、五氯酚、二溴氯丙烷、401、六六六、滴滴涕、氯丹等。

(二)无公害蔬菜韭菜禁用农药品种

甲拌磷(3911)、治螟磷(苏化203)、对硫磷(1606)、甲基对硫磷(甲基1606)、内吸磷(1059)杀螟威、久效磷、磷胺、甲胺磷、异丙磷、三硫磷、氧化乐果、磷化锌、磷化铝、甲基硫环磷、甲基异柳磷、氰化物、克百威、氟乙酰胺、砒霜、杀虫脒、西力生、赛力散、溃疡净、氯化苦、五氯酚、二溴氯丙烷、401、六六六、滴滴涕、氯丹等。

（三）无公害蔬菜茄果类（番茄、茄子、青椒）禁用农药品种

杀虫脒、氰化物、磷化铅、六六六、滴滴涕、氯丹、甲胺磷、甲拌磷（3911）、对硫磷（1605）、甲基对硫磷（甲基1605）、内吸磷（1059）、治螟磷（苏化203）、杀螟磷、磷胺、异丙磷、三硫磷、氧化乐果、磷化锌、克百威、水胺硫磷、久效磷、三氯杀螨醇、涕灭威、灭多威、氟乙酰胺、有机汞制剂、砷制剂、西力生、赛力散、溃疡净、五氯酚钠等。

（四）无公害蔬菜黄瓜禁用农药品种

甲胺磷、甲基对硫磷、对硫磷、久效磷、磷胺、甲拌磷、甲基异柳磷、特丁硫磷、甲基硫环磷、治螟磷、内吸磷、克百威、涕灭威、灭线磷、硫环磷、蝇毒磷、地虫硫磷、氯唑磷、克线磷等。

（五）无公害蔬菜豇豆禁用农药品种

甲胺磷、甲基对硫磷、对硫磷、久效磷、磷胺、甲拌磷、甲基异柳磷、特丁硫磷、甲基硫环磷、治螟磷、克百威、内吸磷、涕灭威、灭线磷、硫环磷、蝇毒磷、地虫硫磷、氯唑磷、克线磷等。

（六）无公害蔬菜甘蓝类禁用农药品种

甲拌磷（3911）、治螟磷（苏化203）、对硫磷（1605）、甲基对硫磷（甲基1605）、内吸磷（1059）、杀螟威、久效磷、磷胺、甲胺磷、异丙磷、三硫磷、氧化乐果、磷化锌、磷化铝、甲基硫环磷、甲基异柳磷、氰化物、克百威、氟乙酰胺、砒霜、杀虫脒、西力生、赛力散、溃疡净、氯化苦、五氯酚、二溴氯丙烷、401、六六六、滴滴涕、氯丹等。

（七）无公害蔬菜菠菜禁用农药品种

甲胺磷、甲基对硫磷、对硫磷、久效磷、磷胺、甲拌磷、甲基异柳磷、特丁硫磷、甲基硫环磷、治螟磷、内吸磷、克百威、涕灭威、

灭线磷、硫环磷、蝇毒磷、地虫硫磷、氯唑磷、克线磷、六六六、滴滴涕、毒杀芬、二溴氯丙烷、杀虫脒、二溴乙烷、除草醚、艾氏剂、狄氏剂、汞制剂、砷类、铅类、敌枯双、氟乙酰胺、甘氟、毒鼠强、氟乙酸钠等。

(八)无公害蔬菜芹菜禁用农药品种

甲胺磷、甲基对硫磷、对硫磷、久效磷、磷胺、甲拌磷、甲基异柳磷、特丁硫磷、甲基硫环磷、治螟磷、内吸磷、克百威、涕灭威、灭线磷、硫环磷、蝇毒磷、地虫硫磷、氯唑磷、克线磷、六六六、滴滴涕、毒杀芬、二溴氯丙烷、杀虫脒、二溴乙烷、除草醚、艾氏剂、狄氏剂、汞制剂、含砷或铅类药、敌枯双、氟乙酰胺、甘氟、毒鼠强、氟乙酸钠、毒鼠硅等。

(九)无公害蔬菜苦瓜禁用农药品种

甲胺磷、甲基对硫磷、对硫磷、久效磷、磷胺、甲拌磷、甲基异柳磷、特丁硫磷、甲基硫环磷、治螟磷、内吸磷、克百威、涕灭威、灭线磷、硫环磷、蝇毒磷、地虫硫磷、氯唑磷、克线磷等。

(十)无公害蔬菜胡萝卜禁用农药品种

甲胺磷、甲基对硫磷、对硫磷、久效磷、磷胺、甲拌磷、甲基异柳磷、特丁硫磷、甲基硫环磷、治螟磷、内吸磷、克百威、涕灭威、灭线磷、硫环磷、蝇毒磷、地虫硫磷、氯唑磷、克线磷、六六六、滴滴涕、毒杀芬、二溴氯丙烷、杀虫脒、二溴乙烷、除草醚、艾氏剂、狄氏剂、汞制剂、含砷或铅类药、敌枯双、氟乙酰胺、甘氟、毒鼠强、氟乙酸钠、毒鼠硅等。

(十一)无公害蔬菜萝卜禁用农药品种

甲胺磷、甲基对硫磷、对硫磷、久效磷、磷胺、甲拌磷、甲基异柳磷、特丁硫磷、甲基硫环磷、治螟磷、内吸磷、克百威、涕灭威、灭线磷、硫环磷、蝇毒磷、地虫硫磷、氯唑磷、克线磷、六六六、滴滴涕、毒杀芬、二溴氯丙烷、杀虫脒、二溴乙烷、除草醚、狄氏剂、汞制剂、含砷类农药、含铅类农药、敌枯双、氟乙酰胺、甘氟、毒鼠强、氟乙酸钠、毒鼠硅等。

除此之外，农业部门也正式推荐了一批无公害农产品施用农药。在这个推荐名单中，首先是杀虫、杀螨剂和杀菌剂两大门类，其次是各个具体分类。这些推荐农药品种大都具有高效、低残留等特点，不仅可以杀灭农作物上的病虫害，而且不会对农产品造成药物残留，可以放心使用。

（十二）无公害蔬菜菜豆禁用农药品种

甲胺磷、甲基对硫磷、对硫磷、久效磷、磷胺、甲拌磷、甲基异柳磷、特丁硫磷、甲基硫环磷、治螟磷、内吸磷、克百威、涕灭威、灭线磷、硫环磷、蝇毒磷、地虫硫磷、氯唑磷、克线磷等。

（十三）杀虫、杀螨剂

1. 生物制剂和天然物质

属于这类的有苏云金杆菌、甜菜夜蛾核多角体病毒、银纹夜蛾多角体病毒、小菜蛾颗粒病毒、棉铃虫核多角体病毒、苦参碱、印楝素、烟碱、鱼藤酮、苦皮藤素、阿维菌素、多杀霉素、白僵苗、除虫菊素。

2. 合成制剂

（1）菊酯类。溴氰菊酯、氯氟氰菊酯、氯氰菊酯、联苯菊酯、氰戊菊酯、甲氰菊酯、氯丙菊酯。

（2）氨基甲酸酯类。硫双威、丁硫克百威、抗蚜威、异丙威、速灭威。

（3）有机磷类。辛硫磷、毒死蜱、敌百虫、敌敌畏、马拉硫磷、乙酰甲胺磷、乐果、三唑磷、杀螟硫磷、倍硫磷、丙硫磷、二嗪磷、亚胺硫磷。

（4）昆虫生长调节剂。灭幼脲、氟喹脲、氟铃脲、氟虫脲、除虫脲、噻嗪酮、抑食肼、虫酰肼。

（5）专用杀螨剂。哒螨灵、四螨嗪、唑螨酯、三唑锡、炔螨特、噻螨酮、苯丁锡、单甲咪、双甲脒。

（6）其他。杀虫单、杀虫双、杀螟丹、甲胺基阿维菌素、啶虫脒、吡虫脒、灭蝇胺、氟虫腈、丁醚脲。

（十四）杀菌剂

（1）无机杀菌剂。属于这类的有碱式硫酸铜、王铜、氢氧化铜、氧化亚铜、石硫合剂。

（2）合成杀菌剂。属于这类的有代森锌、代森锰锌、福美双、乙膦铝、多菌灵、甲基硫菌灵、噻菌灵、百菌清、三唑酮、烯唑醇、戊唑醇、己唑醇、腈菌唑、乙霉威、硫菌灵、腐霉利、异菌脲、双霉威、烯酰吗啉锰锌、霜脲氰锰锌、邻烯内基苯酚、嘧霉胺、氟吗啉、盐酸吗啉胍、恶霉灵、噻菌铜、咪鲜胺、咪鲜胺锰盐、抑霉唑、氨基寡糖素、甲霜灵锰锌、亚胺唑、春王铜、恶唑烷酮锰锌、脂肪酸铜、腈嘧菌脂。

（3）生物制剂。属于这类的有井冈霉素、农抗120、菇类蛋白多糖、春雷霉素、多抗霉素、宁南霉素、木霉素、农用链霉素。

三、无公害农产品的认证与管理

（一）无公害农产品认证特点

无公害农产品认证工作是农产品质量安全管理的重要内容。开展无公害农产品认证工作是促进结构调整、推动农业产业化发展、实施农业品牌战略、提升农产品竞争力和扩大出口的重要手段。无公害农产品认证有以下几个特点。

1. 认证性质

无公害农产品认证执行的是无公害食品标准，认证的对象主要是百姓日常生活离不开的"菜篮子"和"米袋子"产品。也就是说，无公害农产品认证的目的是保障基本安全，满足大众消费，是政府推动的公益性认证。

2. 认证方式

无公害农产品认证采取产地认定与产品认证相结合的模

式,运用了从"农田到餐桌"全过程管理的指导思想,打破了过去农产品质量安全管理分行业、分环节管理的理念,强调以生产过程控制为重点,以产品管理为主线,以市场准入为切入点,以保证最终产品消费安全为基本目标。产地认定主要解决生产环节的质量安全控制问题;产品认证主要解决产品安全和市场准入问题。无公害农产品认证的过程是一个自上而下的农产品质量安全监督管理行为;产地认定是对农业过程的检查监督行为;产品认证是对管理成效的确认,包括监督产地环境、投入品使用、生产过程的检查及产品的准入检测等方面。

3. 技术制度

无公害农产品认证推行"标准化生产、投入品监管、关键点控制、安全性保障"的技术制度。从产地环境、生产过程和产品质量三个重点环节控制危害因素含量,保障农产品的质量安全。

(二)无公害农产品认证依据

为了确保认证的公平、公正、规范,无公害农产品认证是在一套既符合国家认证认可规则又满足相关法律法规、规章制度、技术标准规范要求的认证制度下进行运作的。

1. 法律法规

(1)国家相关法律法规。《中华人民共和国农业法》《中华人民共和国认证认可条例》《中华人民共和国农产品质量安全法》和《国务院关于加强食品等产品安全监督管理的特别规定》,是制定无公害农产品认证工作制度所遵循的法律依据。

(2)《无公害农产品管理办法》。由农业部和国家质量监督检验检疫总局联合发布,提出了无公害农产品管理工作,由政府推动,并实行产地认定和产品认证的工作模式,明确省级农业行政主管部门负责组织实施本辖区内无公害农产品产地认定工作,标志着无公害农产品管理工作正式纳入依法行政的轨道。

2. 制度文件

(1)《无公害农产品产地认定程序》和《无公害农产品认证程序》。由农业部和国家认证认可监督管理委员会联合颁发,规范了认定和认证的行为,并首次明确了农业部农产品质量安全中心承担无公害农产品认证工作。

(2)《无公害农产品产地认定与产品认证一体化推进实施意见》。从根本上解决了无公害农产品产地认定与产品认证脱节问题,提高了产地认定和产品认证工作效率,加快了产地认定与产品认证步伐。意见从总体思路、推进重点和实施要求三个方面做了阐述,并附有《无公害农产品产地认定与产品认证一体化工作流程规范》和《无公害农产品产地认定与产品认证一体化推进前后申请材料及审查流程对比分析》。

(3)《无公害农产品产地认定与产品认证一体化推进和复查换证提交材料的补充规定》。为促进无公害农产品产地认定与产品认证一体化推进和复查换证工作的有序开展,确保无公害农产品认证工作的规范性。

(4)《关于开展无公害农产品便携式复查换证工作的通知》。为推进无公害农产品事业又好又快发展,根据无公害农产品到期复查换证工作出现的新情况和新要求,农业部农产品质量安全中心决定对在无公害农产品证书有效期内产品质量稳定、从未出现过质量安全事故的无公害农产品,在证书有效期满申请复查时推行便捷式换证手续。

(5)《关于进一步规范无公害农产品认证工作时限的通知》。规范了无公害农产品工作时限,特对各级工作机构在无公害农产品认证审核时限上作了相应的划定和规范;实行受理(接收)、报出告知制度,建立了一次性明确补充材料和整改时限要求。

（6）《实施无公害农产品认证的产品目录》。《无公害农产品认证程序》中第三条和第四条规定，农业部和国家认证认可监督管理委员会依据相关的国家标准或行业标准发布《实施无公害农产品认证的产品目录》，申请无公害农产品认证的产品应在认证产品目录范围内。认证产品目录中共有产品815个，其中，种植业产品546个，畜牧业产品65个，渔业产品204个。

3. 标准体系

无公害食品标准是无公害农产品认证的技术依据和基础，是判定无公害农产品的尺度。为了使全国无公害农产品生产和加工按照全国统一的技术标准进行，消除不同标准差异，树立标准一致的无公害农产品形象，农业部组织制定了一系列产品标准以及包括产地环境条件、投入品使用、生产管理技术规范、认证管理技术规范等通则类的无公害食品标准，标准系列号为NY 5000。

无公害食品标准体现了"从农田到餐桌"全程质量控制的思想。标准包括产品标准、投入品使用准则、产地环境条件、生产管理技术规范和认证管理技术规范5个方面，贯穿了"从农田到餐桌"全过程所有关键控制环节，促进了无公害农产品生产、检测、认证及监管的科学性和规范化。

（三）无公害农产品认证程序

1. 无公害农产品产地认定与产品认证

农业部于2003年4月推出了无公害农产品国家认证。根据《无公害农产品管理办法》的有关规定，无公害农产品管理工作由政府推动，并实行产地认定和产品认证的工作模式。国家鼓励生产单位和个人申请无公害农产品产地认定和产品认证。实施无公害农产品认证的产品范围由农业部、国家认证认可监督管理委员会共同确定、调整。

从事无公害农产品产地认定的部门和产品认证的机构不得收取费用。检测机构的检测、无公害农产品标志按国家规定收取费用。

在2006年7月之前,无公害农产品产地认定与产品认证是分开进行的,即产地认定工作由本辖区内的省级农业行政主管部门负责组织实施,认定结果报农业部农产品质量安全中心备案、编号;产品认证工作由农业部农产品质量安全中心统一组织实施,认证结果报农业部、国家认监委公告。根据《无公害农产品管理办法》《无公害农产品产地认定程序》和《无公害农产品认证程序》规定,结合无公害农产品事业发展需要,在充分调研和广泛征求意见的基础上,农业部农产品质量安全中心于2006年7月组织制定了《无公害农产品产地认定与产品认证一体化推进实施意见》,从2006年8月1日起正式实施无公害农产品产地认定与产品认证一体化推进工作。

2. 无公害农产品产地认定与产品认证工作流程

本工作流程适用于经农业部农产品质量安全中心批复认可的省、自治区、直辖市及计划单列市无公害农产品产地认定与产品认证一体化推进工作。

(1)从事农产品生产的单位和个人。可以直接向所在县级农产品质量安全工作机构(简称"工作机构")提出无公害农产品产地认定和产品认证一体化申请,并提交以下材料。

①《无公害农产品产地认定与产品认证(复查换证)申请书》(相关表格可登录 http://www.aqsc.gov.cn 进行下载)。

②国家法律法规规定申请者必须具备的资质证明文件(复印件)。

③无公害农产品生产质量控制措施。

④无公害农产品生产操作规程。

⑤符合规定要求的《产地环境检验报告》和《产地环境现状评价报告》或者符合无公害农产品产地要求的《产地环境调查报告》。

⑥符合规定要求的《产品检验报告》。

⑦规定提交的其他相应材料。

申请产品扩项认证的,提交材料①、④、⑥和有效的《无公害农产品产地认定证书》。申请复查换证的,提交材料①、⑥、⑦和原《无公害农产品产地认定证书》和《无公害农产品认证证书》复印件,其中材料⑥的要求按照《无公害农产品认证复查换证有关问题的处理意见》执行。

同一产地、同一生长周期、适用同一无公害食品标准生产的多种产品在申请认证时,检测产品抽样数量原则上采取按照申请产品数量开二次平方根(四舍五入取整)的方法确定,并按规定标准进行检测。

申请之日前两年内部、省监督抽检质量安全不合格的产品应包含在检测产品抽样数量之内。

(2)县级工作机构。自收到申请之日起10个工作日内,负责完成对申请人申请材料的形式审查。符合要求的,在《无公害农产品产地认定与产品认证报告》(以下简称《认证报告》)签署推荐意见,连同申请材料报送地级工作机构审查。不符合要求的,书面通知申请人整改、补充材料。

(3)地级工作机构。自收到申请材料、县级工作机构推荐意见之日起 15 个工作日内,对全套申请材料进行符合性审查,符合要求的,在《认证报告》上签署审查意见(北京、上海、天津、重庆等直辖市和计划单列市的地级工作合并到县级一并完成),报送省级工作机构。

不符合要求的,书面告之县级工作机构通知申请人整改、补充材料。

(4)省级工作机构。自收到申请材料及县、地两级工作机构推荐、审查意见之日起 20 个工作日内,应当组织或者委托地县两级有资质的检查员按照《无公害农产品认证现场检查工作程序》进行现场检查,完成对整个认证申请的初审,并在《认证报告》上提出初审意见。

通过初审的,报请省级农业行政主管部门颁发《无公害农产品产地认定证书》,同时将申请材料、《认证报告》和《无公害农产品产地认定与产品认证现场检查报告》及时报送部直各业务对口分中心复审。

未通过初审的,书面告知地县级工作机构通知申请人整改、补充材料。

本工作流程规范未对无公害农产品产地认定和产品认证作调整的内容,仍按照原有无公害农产品产地认定与产品认证相应规定执行。

(5)农业部农产品质量安全中心。审核颁发《无公害农产品证书》前,申请人应当获得《无公害农产品产地认定证书》或者省级工作机构出具的产地认定证明。

(四)无公害农产品的认证管理

1. 组织机构

无公害农产品管理工作,由政府推动,并实行产地认定与产品认证相结合的工作模式。省级农业行政主管部门负责组织实施产地认定工作;农业部农产品质量安全中心负责产品认证工作。

2. 工作职责

(1)农业部农产品质量安全中心。包括3个分中心,重点抓好无公害农产品认证工作规划计划、组织协调、审批发证、标志管理、监督检查。

(2)省级工作机构。包括市县工作机构,省级工作机构的工作重点是抓好产地认定、产品检测、认证初审、标志推广、监督抽查;市县两级工作机构的工作重点是抓好宣传动员、组织申报、技术指导、技术培训,具体承担实施现场检查与证后的日常监督管理。

(3)产品认证评审委员会。评审委员会在农业部农产品质量安全中心的组织和领导下,承担无公害农产品的技术评审工作,保证无公害农产品评审工作的科学、公正、规范。评审委员会成员由农业部有关方面的领导、相关专业的技术专家及质量管理专家等组成。其主要职责是:负责制(修)订无公害农产品认证评审工作原则;审议中心提交的认证报告,做出认证结论;对认证工作提出意见和建议。

(4)产地认定委员会。产地认定委员会在省级农业行政主管部门的组织和领导下,承担无公害农产品产地认定的终审工作,保证无公害农产品产地认定工作的科学、公正、规范。其主要职责是:负责制(修)订无公害农产品产地认定实施细则;负责产地认定材料的全面终审,做出认定结论;对产地认定工作提供智力支持和技术支撑。

(5)产地环境检测机构。其主要职责是承担无公害农产品产地认定中的产地环境检测与评价任务,及时准确出具产地环境检测报告和产地环境现状评价报告。

(6)无公害农产品检测机构。其主要职责是承担申报产品的抽样和检验任务,承担无公害农产品年度抽检任务,依照法律、法规、无公害农产品标准及有关规定,客观、公正地出具检验报告。

第二节 绿色农产品

一、绿色农产品的概念

绿色农产品是遵循可持续发展原则,按照特定生产方式生产,经专门机构认定、许可使用绿色农产品商标标志的无污染的安全、优质、营养类食品。依法管理绿色农产品的机构是农业部中国绿色农产品发展中心。

绿色农产品特定的生产方式是指按照标准生产、加工,对产品实施全程质量控制,依法对产品实行标志管理。无污染、安全、优质、营养是绿色农产品的特征。无污染是指在绿色农产品生产、加工过程中,通过严密监测、控制,防范农药残留、放射性物质、重金属、有害细菌等对食品生产各个环节的污染,以确保绿色农产品产品的洁净。绿色农产品的优质特性不仅包括产品的外表包装水平高,而且还包括内在质量水准高。产品的内在质量又包括两个方面:一是内在品质优良;二是营养价值和卫生安全指标高。为了保证绿色农产品产品无污染、安全、优质、营养的特性,开发绿色农产品有一套较为完整的质量标准体系。绿色农产品标准包括产地环境质量标准、生产技术标准、产品质量和卫生标准、包装标准、贮藏和运输标准以及其他相关标准,它们构成了绿色农产品完整的质量控制标准体系。

二、绿色农产品必须符合的条件

绿色农产品必须具备以下4个条件。

(1)绿色农产品必须出自优良生态环境,即产地经监测,其土壤、大气、水质符合《绿色农产品产地环境技术条件》要求;

(2)绿色农产品的生产过程必须严格执行绿色农产品生产技术标准,即生产过程中的投入品(农药、肥料、兽药、饲料、食品添加剂等)符合绿色农产品相关生产资料使用准则规定,生产操作符合绿色农产品生产技术规程要求;

(3)绿色农产品产品必须经绿色农产品定点监测机构检验,其感官、理化(重金属、农药残留、兽药残留等)和微生物学指标符合绿色农产品产品标准;

(4)绿色农产品产品包装必须符合《绿色农产品包装通用准则》要求,并按相关规定在包装上使用绿色农产品标志。

绿色农产品标志已经中华人民共和国国家工商行政管理局商标批准注册,符合按商标分类划分第29类、第30类、第31类、第32类、第33类的食品具备条件的均可申请使用绿色农产品的标志。

三、绿色农产品分级

从1996年开始,在绿色农产品的申报审批过程中将区分AA级和A级绿色农产品,其中,AA级绿色农产品完全与国际接轨,各项标准均达到或严于国际同类食品,但在我国现有条件下,大量开发AA级绿色农产品尚有一定的难度,将A级绿色农产品作为向AA级绿色农产品过渡的一个过渡期产品,它不仅在国内市场上有很强的竞争力,在国外普通食品市场上也有很强的竞争力。

（1）AA级绿色农产品生产产地的环境质量符合NY/T 391《绿色农产品产地环境质量标准》。生产过程中不使用任何化学合成的农药、肥料、兽药、食品添加剂、饲料添加剂及其他有害于环境和身体健康的物质。按有机生产方式生产，产品质量符合绿色产品标准，经专门机构认定，许可使用AA级绿色农产品标志的产品。

在AA级绿色农产品生产中禁止使用基因工程技术。

（2）A级绿色农产品生产产地的环境质量符合NY/T 391《绿色农产品产地环境质量标准》。生产过程中严格按照绿色生产资料使用准则和生产操作规程要求，限量使用限定的化学合成生产资料。产品质量符合绿色农产品产品标准，经专门机构认定，许可使用A级绿色农产品标志的产品。

（3）二者的区别。

①与国际相关食品标准接轨，在标准上与其一致。目前AA级绿色农产品标准已达甚至超过国际有机农业运动联盟的有机农产品基本标准的要求，AA级绿色农产品已具备了走向世界的条件，这是AA级与A级的根本区别。

②在AA级绿色农产品生产操作规程上禁止使用任何化学合成物质。而在A级绿色农产品生产中允许限量使用限定的化学合成物质。

③A级绿色农产品产品包装上以绿底印白色标志，其防伪标签的底色为绿色，产品包装上以绿底印白色标志。而AA级绿色农产品包装上以白底印绿色标准，防伪标签的底色为蓝色。

四、申请使用绿色农产品标志的食品种类

可以申请使用绿色农产品标志的食品种类如下。

（1）国家商标分类第29类主要商品。肉、非活的家禽、野味、肉干、水产品、罐头食品、腌渍、干制蔬菜、蛋品、奶及乳制品、食用油脂、色拉、食用果胶、加工过的坚果、菌类干制品、食物蛋白。

（2）国家商标分类第30类主要商品。咖啡、咖啡代用品、可可、茶及茶叶代用品、糖、糖果、南糖、蜂蜜、糖浆及非医用营养食品,面包、糕点、代乳制品、方便食品、米、面粉（包括五谷杂粮）、面条及米面制品、膨化食品、豆制品、食用淀粉及其制品、饮用水、冰制品、食盐、酱油、醋、芥末、味精、沙司、酱等调味品,酵母、食用香精、香料搅稠奶油的制剂、家用嫩肉剂。

（3）国家商标分类第31类主要商品。未加工的林业产品、未加工谷物及农产品（不包括蔬菜、种子）花卉、园艺产品、草木活生物、新鲜蔬菜、种子、动物饲料（包括非医用饲料添加剂及催肥剂）、麦芽、动物栖息用品。

（4）国家商标分类第32类主要商品。啤酒、不含酒精饮料、糖浆及其他供饮料用的制剂。

（5）国家商标分类第33类主要商品。含酒精的饮料（除啤酒外）。

五、绿色食品的认证

绿色食品标志申报工作是绿色食品标志管理工作的第一步,也是至关重要的一步。为了规范绿色食品的认证工作,中国绿色食品发展中心（以下简称"中心"）依据《绿色食品标志管理办法》,制定了绿色食品的认证程序。凡具有绿色食品生产条件的国内生产企业如需在其生产的产品上使用绿色食品标志,必须按以下的程序提出申请。境外企业申请使用绿色食品标志有特殊的规定。

（一）认证申请

（1）申请人向中心及其所在省（自治区、直辖市）绿色食品办公室、绿色食品发展中心(以下简称省绿办)领取《绿色食品标志使用申请书》、《企业及生产情况调查表》及有关资料,或从中国绿色食品发展中心网站(网址:www.greenfood.org.cn)下载。

(2)申请人填写并向所在省绿办递交《绿色食品标志使用申请书》《企业及生产情况调查表》及以下材料。

①保证执行绿色食品标准和规范的声明。

②生产操作规程(种植规程、养殖规程、加工规程)。

③公司对"基地+农户"的质量控制体系(包括合同、基地图、基地和农户清单、管理制度)。

④产品执行标准。

⑤产品注册商标文本(复印件)。

⑥企业营业执照(复印件)。

⑦企业质量管理手册。

⑧要求提供的其他材料(通过体系认证的,附证书复印件)。

(二)受理及文审

(1)省绿办收到上述申请材料后,进行登记、编号,5个工作日内完成对申请认证材料的审查工作,并向申请人发出《文审意见通知单》,同时抄送中心认证处。

(2)申请认证材料不齐全的,要求申请人收到《文审意见通知单》后10个工作日提交补充材料。

(3)申请认证材料不合格的,通知申请人本生长周期不再受理其申请。

(4)申请认证材料合格的,执行第3条。

(三)现场检查、产品抽样

(1)省绿办应在《文审意见通知单》中明确现场检查计划,并在计划得到申请人确认后委派2名或2名以上检查员进行现场检查。

（2）检查员根据《绿色食品检查员工作手册》（试行）和《绿色食品产地环境质量现状调查技术规范》（试行）中规定的有关项目进行逐项检查。每位检查员单独填写现场检查表和检查意见。现场检查和环境质量现状调查工作在5个工作日内完成，完成后5个工作日内向省绿办递交现场检查评估报告和环境质量现状调查报告及有关调查资料。

（3）现场检查合格，可以安排产品抽样。凡申请人提供了近一年内绿色食品定点产品监测机构出具的产品质量检测报告，并经检查员确认，符合绿色食品产品检测项目和质量要求的，免产品抽样检测。

（4）现场检查合格，需要抽样检测的产品安排产品抽样。

①当时可以抽到适抽产品的，检查员依据《绿色食品产品抽样技术规范》进行产品抽样，并填写《绿色食品产品抽样单》，同时将抽样单抄送中心认证处。特殊产品（如动物性产品等）另行规定。

②当时无适抽产品的，检查员与申请人当场确定抽样计划，同时，将抽样计划抄送中心认证处。

③申请人将样品、产品执行标准、《绿色食品产品抽样单》和检测费寄送绿色食品定点产品监测机构。

（5）现场检查不合格，不安排产品抽样。

（四）环境监测

（1）绿色食品产地环境质量现状调查由检查员在现场检查时同步完成。

（2）经调查确认，产地环境质量符合《绿色食品产地环境质量现状调查技术规范》规定的免测条件，免做环境监测。

（3）根据《绿色食品产地环境质量现状调查技术规范》的有关规定，经调查确认，必要进行环境监测的，省绿办自收到调查报告2个工作日内以书面形式通知绿色食品定点环境监测机构进行环境监测，同时将通知单抄送中心认证处。

(4)定点环境监测机构收到通知单后,40个工作日内出具环境监测报告,连同填写的《绿色食品环境监测情况表》,直接报送中心认证处,同时,抄送省绿办。

(五)产品检测

绿色食品定点产品监测机构自收到样品、产品执行标准、《绿色食品产品抽样单》和检测费后,20个工作日内完成检测工作,出具产品检测报告,连同填写的《绿色食品产品检测情况表》,报送中心认证处,同时,抄送省绿办。

(六)认证审核

(1)省级绿色食品办公室收到检查员现场检查评估报告和环境质量现状调查报告后,3个工作日内签署审查意见,并将认证申请材料、检查员现场检查评估报告、环境质量现状调查报告及《省绿办绿色食品认证情况表》等材料报送中心认证处。

(2)中心认证处收到省绿办报送材料、环境监测报告、产品检测报告及申请人直接寄送的《申请绿色食品认证基本情况调查表》后,进行登记、编号,在确认收到最后一份材料后2个工作日内下发受理通知书,书面通知申请人,并抄送省绿办。

(3)中心认证处组织审查人员及有关专家对上述材料进行审核,20个工作日内做出审核结论。

(4)审核结论为"有疑问,需现场检查"的,中心认证处在2个工作日内完成现场检查计划,书面通知申请人,并抄送省绿办。得到申请人确认后,5个工作日内派检查员再次进行现场检查。

(5)审核结论为"材料不完整或需要补充说明"的,中心认证处向申请人发送《绿色食品认证审核通知单》,同时抄送省绿办。申请人需在20个工作日内将补充材料报送中心认证处,并抄送省绿办。

(6)审核结论为"合格"或"不合格"的,中心认证处将认证材料、认证审核意见报送绿色食品评审委员会。

（七）认证评审

（1）绿色食品评审委员会自收到认证材料、认证处审核意见后10个工作日内进行全面评审，并作出认证终审结论。

（2）认证终审结论分为两种情况。

①认证合格。

②认证不合格。

（3）结论为"认证合格"，执行。

（4）结论为"认证不合格"，评审委员会秘书处在作出终审结论2个工作日内，将《认证结论通知单》发送申请人，并抄送省绿办。本生产周期不再受理其申请。

第三节　有机农产品

一、有机农产品概述

有机农产品是指来自有机农业生产体系，根据国际有机农业生产要求和相应的标准生产加工的，即在原料生产和产品加工过程中不使用化肥、农药、生长激素、化学添加剂、化学色素和防腐剂等化学物质，不使用基因工程技术，并通过独立的有机农产品认证机构认证的一切农副产品，包括粮食、蔬菜、水果、奶制品、畜禽产品、蜂蜜、水产品、调料等。

有机农产品与其他食品的显著区别在于，有机农产品的生产和加工过程中严格禁止使用农药、化肥、激素等人工合成物质，而一般食品的生产加工则允许有限制地使用这些物质。同时，有机农产品还有其基本的质量要求：原料产地无任何污染，生产过程中不使用任何化学合成的农药、肥料、除草剂和生长素等，加工过程中不使用任何化学合成的食品防腐剂、添加剂、人工色素和用有机溶剂提取等，贮藏、运输过程中不能受有害化学物质污染，必须符合国家食品卫生法的要求和食品行业质量标准。因此,有机农产品的生产要比其他食品难得多,需要建立全新的生产体系,采用相应的替代技术。有机农产品是一类真正源于自然、富营养、高品质的环保型安全食品。

对有机农产品生产的基本要求有:生产基地在最近3年内未使用过农药、化肥等违禁物质;种子或种苗来自于自然界,未经基因工程技术改造过;生产基地应建立长期的土地培肥、植物保护、作物轮作和畜禽养殖计划;生产基地无水土流失、风蚀及其他环境问题;作物在收获、清洁、干燥、贮存和运输过程中应避免污染;从常规生产系统向有机生产转换通常需要两年以上的时间,新开荒地、撂荒地需至少经12个月的转换期才有可能获得颁证;在生产和流通过程中,必须有完善的质量控制和跟踪审查体系,并有完整的生产和销售记录档案。

二、有机农产品需要符合的条件

有机农产品需要符合以下条件。

(1)有机农产品在生产和加工过程中必须严格遵循有机农产品生产、采集、加工、包装、贮藏、运输标准,禁止使用化学合成的农药、化肥、激素、抗生素、食品添加剂等,禁止使用基因工程技术和该技术的产物及其衍生物。

(2)有机农产品生产和加工过程中必须建立严格的质量管理体系、生产过程控制体系和追踪体系,因此,一般需要有转换期。

(3)有机农产品必须通过合法的有机农产品认证机构的认证。有机农产品的认证不是终身制。按照国际惯例,有机农产品标志认证一次有效许可期限为1年。1年期满后可申请"保持认证",通过检查、审核合格后方可继续使用有机农产品标志。

三、有机食品认证

有机食品认证属于产品认证的范畴,虽然各认证机构的认证程序有一定差异,但根据《中华人民共和国认证认可条例》、国家质量监督检验检疫总局《有机产品认证管理办法》、国家认证认可监督管理委员会《有机产品认证实施规则》和中国认证机构国家认可委员会《产品认证机构通用要求:有机产品认证的应用指南》的要求以及国际通行做法,有机食品认证的模式通常为"过程检查＋必要的产品和产地环境检测＋证后监督"。认证程序一般包括认证申请和受理、检查准备与实施、合格评定和认证决定、监督与管理这些主要流程。广义的有机食品除包括可食用的有机食品外,还包括农药、肥料、饲料添加剂、兽药、渔药等农业生产资料及其他产品,其认证程序与有机食品的认证程序相同。

（一）申请与受理

1. 认证机构公开信息

在认证申请和受理阶段,对认证机构来说,应当向所有申请者公开如下信息。

（1）国家认证认可监督管理委员会批准的认证范围和中国认证机构国家认可委员会认可的认证范围。

（2）认证程序和认证要求。

（3）认证依据标准。

（4）认证收费标准。

（5）认证机构和申请人的权利、义务。

（6）认证机构处理申诉、投诉和争议的程序。

（7）批准、暂停和撤销认证的规定和程序。

（8）对获证单位或者个人使用中国有机产品标志、中国转换期有机产品标志、认证机构的标识和名称的要求。

（9）对获证单位或者个人按照认证证书的范围进行正确宣传的要求。

在申请者明确认证意向时,认证机构向消费者发放申请书和调查表等相关资料。为了便于比较全面、准确地了解申请者关于认证的基本情况,认证机构一般都备有固定格式的申请表和农场、加工厂、流通贸易等基本情况调查表。

2. 申请者提交材料

对于申请有机食品认证的单位或者个人,根据有机食品生产或者加工活动的需要,可以向有机食品认证机构申请有机食品生产认证或者有机食品加工认证。根据《有机产品认证管理办法》和《有机产品认证实施细则》等的规定,申请者应当向有机食品认证机构提出书面申请,并提交下列材料。

(1)申请人的合法经营资质文件,如土地使用证、营业执照、租赁合同等;当申请人不是有机食品的直接生产或加工者时,申请人还需要提交与有机食品供应方签订的书面合同。

(2)申请人及有机生产、加工的基本情况,包括申请人及其生产者名称、地址、联系方式;产地(基地)或加工场所的名称、基本情况;过去3年间的生产历史,包括对农事、病虫草害防治、投入物使用及收获情况的描述;生产、加工规模,包括品种、面积、产量、加工量等描述;申请和获得其他有机食品认证情况。

(3)产地(基地)区域范围描述,包括地理位置图、地块分布图、地块图、面积、缓冲带,周围临近地块的情况说明等;加工场所周边环境描述、厂区平面图、工艺流程图等。

(4)申请认证的有机食品生产、加工、销售计划,包括品种、面积、预计产量、加工产品品种、预计加工量、销售产品品种和计划销售量、销售去向等。

(5)产地(基地)、加工场所有关环境质量的证明材料。

(6)有关专业技术和管理人员的资质证明材料。

(7)保证执行有机食品标准的声明。

(8)有机生产、加工的管理体系文件。

(9)其他相关材料。

个体小农户一般采取团体认证的形式申请认证。如果多个农户在同一地区从事农业生产,这些农户都愿意以有机方式开展生产,并且建立了严密的组织管理体系和内部检查体系,可以保证有机生产措施得到有效实施,那么这些农户所拥有的土地可以被看作是一个整体的独立的农场。小农户组织管理体系,可以是按章程组织起来的农民专业生产协会或专业生产合作社等农民合作组织,也可以是按契约关系与"农业龙头企业"组成的"农户+基地+企业"利益共同体,还可以是按其他形式有效组成的组织。

在此期间,认证机构一方面应当对申请者提出的认证申请进行评审,重点关注申请是否符合有机认证基本要求和相关文件及资料是否齐全,明确该申请是否符合申请条件;另一方面,明确该申请是否处在本认证机构的认可范围、能力范围或资源范围之内,完成该项认证所需的资源和时间等,在规定的时间内作出是否受理的决定。在此基础上,认证机构和申请者之间应当签订正式的书面认证协议,明确认证依据、认证范围、认证费用、现场检查日期、双方责任、证书使用规定、违约责任等事项。

(二)检查准备与实施

认证协议签订后,认证机构即安排相关人员对该项认证进行策划,根据申请者的专业特点和性质确定认证依据,选择并委派进行现场检查的检查员组成检查组,必要时配备相应的技术专家。

1. 检查准备

认证机构应向检查员提供充分的信息,以便检查员为检查实施做适当准备。认证机构或检查组一般要对申请者提交的有机食品认证所需的文件资料的符合性、完整性、充分性进行审核和基本判定,文件审核时重点关注有机生产技术规程、有机加工操作规程、与保持有机完整性有关的基本情况及其控制程序、产品检测报告以及法律法规的基本要求等,将审核意见编制成文件审核报告,并提交给申请者。若申请者的文件不能完全符合要求时,一般要求申请者在双方确定的现场检查日期前将文件审核报告中提出的不符合全部纠正完毕,也可能安排检查员在现场检查中进行验证。

现场检查包括例行检查和非例行检查。例行检查包括首次认证检查和例行换证检查,也称监督检查,例行检查每年至少1次。非例行检查是在获证者中按一定比例随机抽取检查对象、或对被举报对象进行的不通知检查,也称飞行检查。对于产地(基地)的首次检查,检查范围应不少于 2/3 的生产活动范围。对于多农户参加的有机生产,访问的农户数不少于农户总数的平方根。

检查组根据文件审核评审的结果和相关信息,对现场检查进行策划,与受检查方保持密切的沟通,确定检查的范围、场所、日期及检查组的分工等,一般以书面形式将现场检查计划通知受检查方并获得确认。

对受检查方的有机生产或加工场所进行现场检查是有机食品认证的核心环节。检查通常在认证产品的收获前或加工期间进行。特别是对农产品的检查,应在作物和畜禽的收获或屠宰以前进行。

2. 现场检查

现场检查的主要工作内容是对受检查方的有机生产和加工、包装、仓储、运输、销售等过程及其场所进行检查和核实,评价这些过程是否符合认证依据的要求、技术措施和管理体系能否保证有机食品的质量,评估是否存在破坏有机完整性的风险,审核记录保持系统是否具有可追溯性,收集与支持认证决定有关的证据和材料等。

现场检查的另一项重要工作是对受检查方的有机生产或加工的能力和规模进行核实,核算认证年度中有机作物、畜禽等生产或加工产品的种类及其数量,以便在有机食品证书上予以明确界定。

现场检查包括对转换期的追溯核查、分离生产、平行生产、转基因产品的核查,也包括对特殊情况和范围的检查如小农户的检查、投入物的核查等,确认生产、加工过程与认证依据标准的符合性。检查过程至少应包括。

(1)对生产地块、加工、贮藏场所等的检查。

(2)对生产管理人员、内部检查人员、生产者的访谈。

(3)对 GB/T 19630.4—2005:《有机产品第4部分:管理体系》4.2.6条款所规定的生产、加工记录的检查。

(4)对追踪体系的评价。

(5)对内部检查和持续改进的评估。

(6)对产地环境质量状况及其对有机生产可能产生污染的风险的确认和评估。

(7)必要时,对样品进行采集与分析。

(8)使用时,对上一年度认证机构提出的整改要求执行情况进行检查。

(9)在结束检查前,对检查情况进行总结,明确存在的问题,并确认整改的方式和期限等,同时允许被检查方对存在的问题进行说明。

(10)在完成现场检查后,根据现场检查发现,编制并向认证机构提交公正、客观和全面的关于认证要求符合性的检查报告。

(三)合格评定与认证决定

认证机构应根据评价过程中收集的信息、检查报告和其他有关信息,评价所采用的标准等认证依据及法律法规的适用性和符合性、现场检查的合理性和充分性、检查报告及证据和材料的客观性、真实性和完整性等,并重点进行有机生产和加工过程符合性判定、产品质量安全符合性判定以及产品质量是否符合执行标准的要求,最终作出能否发放证书的决定。

申请人的生产活动及管理体系符合认证标准的要求,认证机构予以批准认证。生产活动、管理体系及其他相关方面不完全符合认证标准的要求,认证机构提出整改要求,申请人已经在规定的期限内完成整改或已经提交整改措施并有能力在规定的期限内完成整改以满足认证要求的,认证机构经过验证后可批准认证。

1. 不予颁证

申请人的生产活动存在以下情况之一,认证机构不予批准认证。

(1)未建立管理体系,或建立的管理体系未有效实施。

(2)使用禁用物质。

(3)生产过程不具有可追溯性。

(4)未按照认证机构规定的时间完成整改,提交整改措施,或所提交的整改措施未满足认证要求。

(5)其他严重不符合有机标准要求的事项。

认证机构应当按照认证依据的要求及时做出认证结论,并保证认证结论的客观、真实。对不符合认证要求的,应当书面通知申请人,并说明理由。根据相关认可准则的规定,认证决定可以由认证机构委托的一组人(一般称作颁证委员会、技术委员会)或某个人作出。认证机构应当对其作出的认证结论负责。

2. 颁发证书

对符合有机食品认证要求的,认证机构应当向申请人出具有机食品认证证书,并准许其使用有机食品认证标志。属于有机食品转换期间的产品,证书中应当注明"转换"字样和转换期限,并应当使用注明"转换"字样的有机食品认证标志。有机食品认证证书的有效期为一年。

虽然各认证机构证书的式样和格式有所区别,但证书的主要内容都包括以下几个方面。

(1)获证单位或个人名称、地址。

(2)获证产品的数量、产地面积和产品种类。

(3)有机食品认证的类别。

（4）依据的标准或者技术规范。

（5）有机食品认证标志的使用范围、数量、使用形式或者方式。

（6）颁证机构、颁发日期、有效期和负责人签字。

（7）属于有机食品转换期间的,注明"转换"字样和转换期限。

（四）监督和管理

有机食品认证证书有效期通常为一年。获证者应在有效期期满前向认证机构申请年度换证,认证机构将由此启动监督换证检查程序。认证机构应当按照规定对获证单位和个人、获证产品及生产、变更情况等进行有效跟踪检查,即年度换证例行检查。例行检查至少1年1次。

申请人应及时就产品更改、生产过程更改或区域扩大、管理权或所有权等更改通知认证机构。

监督检查还包括非例行检查,非例行检查不应事先通知。非例行检查的对象和频次等可基于有关认可规则和认证机构对风险的判断及来源于社会、政府、消费者对获证产品的信息反馈。

根据需要定期或不定期进行产地(基地)环境检测和产品样品检测,保证认证、检测结论能够持续符合认证要求。

第四节　农产品地理标志登记

一、农产品地理标志保护概述

我国加入WTO后,"地理标志"作为一项知识产权越来越被国人所注意。相对知识产权体系的其他领域,地理标志对很多人来说似乎很陌生。但事实上,地理标志对社会大众来说是接触最多、感受最直接的知识产权之一,因为它与人们日常生活最基本和最经常接触的农产品及食品的关系最为密切,只是过去在我国没有将地理标志作为一种知识产权认识、对待以及加以制度性规定。通俗地讲,地理标志就是用商品的地理来源名称标示商品特性及声誉的标记,国际上被广泛运用于农产品及食品、传统的工业产品和手工艺品等诸多领域。对地理标志进行法律保护最主要的原因,是在于商品所具有的特性及声誉与其来源的地理及人文因素有不可替代的关联性,因而具有独特的商业价值,从而成为推销产品的一种有力工具,能给权利人带来竞争优势和经济利益。

农产品地理标志概念

1. 农产品地理标志概念的形成及内涵

(1)地理标志概念的形成。"地理标志"(又译为地理标记)概念是在产地标记、原产地名称概念的基础上,通过长期发展,目前,被普遍接受的一个概念。人类社会从自然经济向商品经济转变中,一开始进入交换及贸易的产品,主要是农副土特产品,或者是以农产品为原料、与当地特定条件及独特工艺密切相关的初级加工品;这些产品中大多数用以相互区别的方式及标志主要是产地名称。因此,在这种交易过程中,当某种产品的品质、质量及特色得到人们的认知接受,其产地的名称往往就成为这种产品的代称。这也是我国及世界各国许多传统名、特、优农产品形成的过程,也正是地理标志的渊源和背景。

1883年《保护工业产权巴黎公约》提到了对"产地标记"的保护。1891年《制止虚假或欺诈性商品产地标记马德里协定》也提到了各国可以在进口时扣押带有虚假或欺骗性"产地标记"的商品。1958年里斯本外交会议通过了《原产地名称保护及其国际注册里斯本协定》,该协定将原产地名称定义为"某个国家、地区或地方的地理名称,用于指示某项产品来源于该地,其质量或特征完全或主要取决于地理环境,包括自然和人为因素。"

世贸组织于1994年通过的《与贸易有关的知识产权协议》（TRIPS协议）采用了"地理标志"这一概念，其中第22条第一款规定："本协议的地理标志系指下列标志：其标示出某商品来源于某成员地域内，或来源于该地域中某地区或某地方，该商品的特定质量、信誉或其他特征，主要与该地理来源相关联。"

我国在2001年10月新修订的《商标法》中也增加了地理标志的有关内容，其中，第16条第2款明确规定，"前款所称地理标志，是指标示某商品来源于某地区，该商品的特定质量、信誉或者其他特征，主要由该地区的自然因素或者人文因素所决定的标志。"

由此，可从3个方面把握地理标志的含义：首先，它是表示商品地理来源的标志，即自然属性；其次，此类商品往往具有特定的品质、信誉或其他特征，即核心属性；第三，此商品特定的品质、信誉或其他特征与该地理来源有一定程度的因果联系，即该商品的品质等主要由此地理来源的自然因素或人文因素所决定，也就是它的附加属性。

（2）农产品地理标志的概念。农业部于2007年12月25日颁布了《农产品地理标志管理办法》，并于2008年2月1日起施行。该办法中对农产品地理标志做出了明确定义："农产品地理标志是指标示农产品来源于特定地域，产品品质和相关特征主要取决于自然生态环境和历史人文因素，并以地域名称冠名的特有农产品标志。"此处所称的农产品是指来源于农业的初级产品，即在农业活动中获得的植物、动物、微生物及其产品。

（3）农产品地理标志的图形及含义。农产品地理标志公共标识基本图案由中华人民共和国农业部中英文字样、农产品地理标志中英文字样、麦穗、地球、日月等元素构成。公共标识的核心元素为麦穗、地球、日月相互辉映，麦穗代表生命与农产品，同时从整体上看是一个地球在宇宙中的运动状态，体现了农产品地理标志和地球、人类共存的内涵。标识的颜色由绿色和橙色组成,绿色象征农业和环保,橙色寓意丰收和成熟。

2. 地理标志与商标的区别

地理标志和商标都是并列的特殊形态的知识产权。地理标志不仅从属于人的创造力和劳动,同时还从属于地域、气候、水、土壤等自然条件;而商标只从属于人,与自然条件无关。商标是区别商品不同特征的一种专用标志。标志可以注册为商标,但标志决不等于商标,商标只是标志的一类。

地理标志与商标的区别是非常明显的。

首先,商标制度无法解决地理标志的产权归属问题。如前所述,地理标志是一个地域的名称,属于这个地域共有,而不能属于某个特定的企业或公民个人单独享有。由地理、人文、历史文化遗产组合构成的产品的无形资产应当由国家所有,这一地域的企业或组织只拥有其使用权。

商标本质上是一种私权利,可由个人或单个企业所有。如果把地理标志作为商标交由个人、单个企业或协会持有,就无法保证地理标志地域内的其他企业公平竞争,有可能会引起产权纠纷。

其次,商标无法保证地理标志产品特征的唯一性。地理标志在空间上,只从属于特定的地域和特定的自然地理条件,具有唯一性,不允许任意转让和买卖。在时间上,地理标志具有永久性,只要自然地理条件不变,产品特性不变,法律制度不变,就可以继续使用,甚至永久使用。而商标则不仅可以由任何厂商持有,而且可以跨地区、跨国进行买卖、转让、许可使用,不仅无法保护地理标志地域内企业的利益,而且还可能会造成产地误导,侵害消费者的利益,更无法保证产品的质量和信誉。在时间上,商标的使用是有限制的,按有关规定,商标注册有效期满不申请续展的,商标将被注销。

第三,在管理制度和方法上,商标制度无法保证产品的质量和信誉。商标注册仅仅是一种权利人得到某种机关认可的声明程序,如同婚姻登记并不保证爱情生活质量一样,商标注册登记本身也不保证产品的质量和信誉。而以法国为例的原产地域(地理标志)产品保护制度,显然可以使产品的质量和信誉得到充分保障。通过制定法律、标准、技术法规、操作规程和运用检验、检疫等手段,对原料生产、加工、制作到销售进行全方位、全过程的监督管理,从而有效保证产品优良品质。

在国际范围的保护也是如此。如果作为商标,要保护就要到国外申请注册,这不仅难以避免恶意抢注问题,而且会带来保护成本高昂的经济问题。地理标志按照《与贸易有关的知识产权协议》(TRIPS协议),由于其地理文化遗产的排他性,可在WTO成员范围内自动得到承认和保护。

第四,按照国际惯例,地理标志原则上不能用作注册商标。TRIPS协议第23条第3款规定:如果申请注册的商标中"含有误导公众对商品的真正来源地产生误解"的地理标志,则成员应当依法拒绝其商标注册的申请,已经注册的商标则应当予以撤销。

二、基本要求

(1)产品条件。申请地理标志登记的农产品,应当符合下列条件:①称谓由地理区域名称和农产品通用名称构成;②产品有独特的品质特性或者特定的生产方式;③产品品质和特色主要取决于独特的自然生态环境和人文历史因素;④产品有限定的生产区域范围;⑤产地环境、产品质量符合国家强制性技术规范要求。

(2)申请人要求。农产品地理标志登记申请人为县级以上地方人民政府根据下列条件择优确定的农民专业合作经济组织、行业协会等组织。该组织要具有监督和管理农产品地理标志及其产品,为地理标志农产品生产、加工、营销提供指导服务,具有独立承担民事责任等能力。

三、登记管理

(1) 登记申请。符合农产品地理标志登记条件的申请人，可以向省级人民政府农业行政主管部门提出登记申请，并提交下列申请材料：①登记申请书；②申请人资质证明；③产品典型特征特性描述和相应产品品质鉴定报告；④产地环境条件、生产技术规范和产品质量安全技术规范；⑤地域范围确定性文件和生产地域分布图；⑥产品实物样品或者样品图片；⑦其他必要的说明性或者证明性材料。

(2) 审查。省级人民政府农业行政主管部门自受理农产品地理标志登记申请之日起，应当在45个工作日内完成申请材料的初审和现场核查，并提出初审意见。符合条件的，将申请材料和初审意见报送农业部农产品质量安全中心；不符合条件的，应当在提出初审意见之日起10个工作日内将相关意见和建议通知申请人。

农业部农产品质量安全中心应当自收到申请材料和初审意见之日起20个工作日内，对申请材料进行审查，提出审查意见，并组织专家评审。经专家评审通过的，由农业部农产品质量安全中心代表农业部对社会公示。有关单位和个人有异议的，应当自公示截止日起20日内向农业部农产品质量安全中心提出。公示无异议的，由农业部做出登记决定并公告，颁发《中华人民共和国农产品地理标志登记证书》，公布登记产品相关技术规范和标准。

(3) 证书使用。农产品地理标志登记证书长期有效。但有下列情形之一的，登记证书持有人应当按照规定程序提出变更申请：①登记证书持有人或者法定代表人发生变化的；②地域范围或者相应自然生态环境发生变化的。

四、标志使用

(1) 申请。生产经营的农产品产自登记确定的地域范围、已取得登记农产品相关的生产经营资质、能够严格按照规定的质量技术规范组织开展生产经营活动、具有地理标志农产品市场开发经营能力的单位和个人,可以向登记证书持有人申请使用农产品地理标志。

(2)使用。使用农产品地理标志,应当按照生产经营年度与登记证书持有人签订农产品地理标志使用协议,在协议中载明使用的数量、范围及相关的责任义务。农产品地理标志登记证书持有人不得向农产品地理标志使用人收取使用费。

(3)农产品地理标志使用人的权利和义务。

①权利。农产品地理标志使用人可以在产品及其包装上使用农产品地理标志,可以使用登记的农产品地理标志进行宣传和参加展览、展示及展销。

②义务。农产品地理标志使用人要自觉接受登记证书持有人的监督检查,保证地理标志农产品的品质和信誉,正确规范地使用农产品地理标志。

(4)监督管理。县级以上人民政府农业行政主管部门应当加强农产品地理标志监督管理工作,定期对登记的地理标志农产品的地域范围、标志使用等进行监督检查。登记的地理标志农产品或登记证书持有人不符合规定的,由农业部注销其地理标志登记证书并对外公告。

第五节 农业品牌的建设

一、名牌农产品认定

(一)基本条件

1. 申请人需要具备的条件

(1)申请人要具有独立的企业法人或社团法人资格,法人注册地址在中国境内。

(2)有健全和有效运行的产品质量安全控制体系、环境保护体系,建立了产品质量追溯制度。

(3)按照标准化方式组织生产。

(4)有稳定的销售渠道和完善的售后服务。

(5)最近三年内无质量安全事故。

2. 申请"中国名牌农产品"称号的产品,需要具备的条件

(1)产品符合国家有关法律法规和产业政策的规定。

(2)在中国境内生产,有固定的生产基地,批量生产至少3年。

(3)在中国境内注册并归申请人所有的产品注册商标。

(4)符合国家标准、行业标准或国际标准。

(5)市场销售量、知名度居国内同类产品前列,在当地农业和农村经济中占有重要地位,消费者满意程度高。

(6)产品质量检验合格。

(7)食用农产品应获得"无公害农产品"、"绿色食品"或者"有机食品"称号之一。

(8)开展过省级名牌认定的要求是省级名牌农产品,不是省级名牌农产品的,由省级农业行政主管部门出具本省未开展省级名牌农产品认定工作的证明。

(二)认定程序

农业部成立中国名牌农产品推进委员会,负责组织领导中国名牌农产品评选认定工作,中国名牌农产品实行年度评审制度。

(1)申报范围。种植业类、畜牧业类、渔业类初级产品。

(2)申报材料。

①《中国名牌农产品申请表》。

②申请人营业执照和注册商标复印件。

③农业部授权的检测机构或其他通过国家计量认证的检测机构按照国家或行业等标准对申报产品出具的有效质量检验报

告原件。

④采用标准的复印件。

⑤申请产品获得专利的提供产品专利证书复印件及地级市以上知识产权部门对申请人知识产权有效性的意见。

⑥申请产品获得科技成果奖的,提供省级以上(含省级)政府或科技行政主管部门的科技成果获奖证书复印件。

⑦申请人获得产品认证的,提供相关证书复印件。

⑧由当地税务部门提供的税收证明复印件。

⑨其他相关证书、证明复印件。

(3)申报程序。符合条件的申请人向所在省(自治区、直辖市及计划单列市)农业行政主管部门,提交一式两份《中国名牌农产品申请表》和其他申报材料的纸质件。各省(自治区、直辖市及计划单列市)农业行政主管部门省(自治区、直辖市及计划单列市)农业行政主管部门负责申报材料真实性、完整性的审查。符合条件的,签署推荐意见,报送名推委办公室。凡是没有省(自治区、直辖市及计划单列市)农业行政主管部门推荐意见的申报材料,不予受理。

中国名牌农产品推进委员会(以下简称名推委)办公室组织评审委员会对申报材料进行评审,形成推荐名单和评审意见,上报名推委。名推委召开全体会议,审查推荐名单和评审意见,形成当年度的中国名牌农产品拟认定名单,并通过新闻媒体向社会公示,广泛征求意见。名推委全体委员会议审查公示结果,审核认定当年度的中国名牌农产品名单。对已认定的中国名牌农产品,由农业部授予"中国名牌农产品"称号,颁发《中国名牌农产品证书》,并向社会公告。

(三)监督管理

(1)中国名牌农产品有效期管理规定。"中国名牌农产品"称号的有效期为3年。在有效期内,《中国名牌农产品证书》持有人应当在规定的范围内使用"中国名牌农产品"标志。

对获得"中国名牌农产品"称号的产品实行质量监测制度。获证申请人每年应当向名推委办公室提交由获得国家级计量认证资质的检测机构出具的产品质量检验报告。名推委对中国名牌农产品进行不定期抽检。

（2）中国名牌农产品撤销管理规定。《中国名牌农产品证书》持有人有下列情形之一的，撤销其"中国名牌农产品"称号，注销其《中国名牌农产品证书》，并在 3 年内不再受理其申请。

①有弄虚作假行为的。

②转让、买卖、出租或者出借中国名牌农产品证书和标志的。

③扩大"中国名牌农产品"称号和标志使用范围的。

④产品质量抽查不合格的，消费者反映强烈，造成不良后果的。

⑤发生重大农产品质量安全事故，生产经营出现重大问题的。

⑥有严重违反法律法规行为的。

未获得或被撤销"中国名牌农产品"称号的农产品，不得使用"中国名牌农产品"称号与标志。

从事中国名牌农产品评选认定工作的相关人员，应当严格按照有关规定和程序进行评选认定工作，保守申请人的商业和技术秘密，保护申请人的知识产权。

二、ISO 9000、HACCP 和 GAP 认证

近年来，随着国际市场竞争的日趋激烈，质量认证已被越来越多的国家所重视和采用。经过质量认证的产品，不但提高了消费者购买产品时的安全感，也在对外合作中提高了与合作伙伴的信任度。国际标准化组织（International Organization for Standardization，ISO）于 1987 年发布了 ISO 9000 国际标准，将产品质量以最终检验与试验的最终把关转化为对产品全过程加以

管理和实施监督。ISO 9000标准的贯彻推行及其认证的发展，为企业或组织在提高质量管理水平和质量保证能力、减少企业经营成本、降低经营风险、消除贸易技术壁垒等方面作出了积极的贡献。

HACCP（危害分析和关键点控制）是一种科学、简便、实用的预防性食品安全质量控制体系。它的实施相容于ISO 9000质量管理体系，是在质量管理体系下管理食品安全的一种系统方法。HACCP作为一个完整的预防性食品安全质量控制体系，是建立在良好生产规范（GMP）和卫生标准操作程序（SSOP）的基础上的。HACCP的实施在很大程度上可提高产品质量，延长货架期，使管理水平出现质的飞跃。它是目前世界上极为关注的一种食品卫生监督管理方式，联合国食品标准委员会也推荐HACCP制度为食品有关的世界性指导纲要。这是保证食品、保健品安全与卫生得到有效控制的管理体系标准，适合于不同规模和类型的食品、保健品的生产、加工、储存、运输的销售商和企业。

1997年欧洲零售商农产品工作组（EUREP）在零售商的倡导下提出了"良好农业操作规范（Good Agricultural Practices, GAP）"，简称为EUREPGAP；2001年EUREP秘书处首次将EUREPGAP标准对外公开发布。EUREPGAP标准主要针对初级农产品生产的种植业和养殖业，分别制定和执行各自的操作规范，鼓励减少农用化学品和药品的使用，关注动物福利、环境保护、工人的健康、安全和福利，保证初级农产品生产安全的一套规范体系。它是以危害预防（HACCP）、良好卫生规范、可持续发展农业和持续改良农场体系为基础，避免在农产品生产过程中受到外来物质的严重污染和危害。该标准主要涉及大田作物种植、水果和蔬菜种植、畜禽养殖、畜禽公路运输等农业产业。

三、品牌建设

农产品是人类赖以生存的主要商品，也是质量隐蔽性很强的商品,需要利用品牌进行产品质量特征的集中表达和保护。农产品品牌战略是通过品牌实力的积累,塑造良好的品牌形象,从而建立顾客忠诚度,形成品牌优势,再通过品牌优势的维持与强化,最终实现创立农产品品牌与发展品牌。

(一)农产品品牌形成的基础

(1)品种不同。不同的农产品品种,其品质有很大差异,主要表现在营养、色泽、风味、香气、外观和口感上,这些直接影响消费者的需求偏好。品种间这种差异越大,就越容易使品种以品牌的形式进入市场并得到消费者认可。

(2)生产区域不同。"橘生淮南则为橘,生于淮北则为枳。"许多农产品即使种类相同,其产地不同也会形成不同特色,因为农产品的生产有最佳的区域。不同区域的地理环境、土质、温湿度、日照、土壤、气候、灌溉水质等条件的差异,都直接影响农产品品质的形成。

(3)生产方式不同。不同农产品的来源和生产方式也影响农产品的品质。野生动物和人工饲养的动物在品质、营养、口味等方面就有很大的差异;自然放养和圈养的品质差别也很大;灌溉、修剪、嫁接、生物激素等的应用,也会造成农产品品质的差异。采用有机农业方式生产的农产品品质比较好,而采用无机农业生产方式生产的农产品品质较差。

(二)农产品品牌建设

农产品品牌建设是一项系统工程,一般要注重以下几个方面。

(1)农产品品牌建设内容主要包括质量满意度、价格适中度、信誉联想度和产品知名度等。质量满意度主要包括质量标志、集体标志、外观形象和口感等要素。价格适中度主要包括定价适中度、调价适中度等。信誉联想度包括信用度、联想度、企业责任感、企业家形象等要素。产品知名度则体现为提及知名度、未提及知名度、市场占有率等。

(2)农产品品牌建设是一个长期、全方位努力的过程,一般包括规划、创立、培育和扩张4个环节。品牌规划主要是通过经营环境的分析,确定产品选择,明确目标市场和品牌定位,制定品牌建设目标。品牌创立主要包括品牌识别系统设计、品牌注册、品牌产品上市和品牌文化内涵的确定等。品牌培育主要内容包括质量满意度、价格适中度、信誉联想度和产品知名度的提升。品牌扩张包括品牌保护、品牌延伸、品牌连锁经营和品牌国际化等。

四、注册商标是培育品牌最简便易行的做法

现代社会,商标信誉是吸引消费者的重要因素。随着农产品市场化程度的不断提高,农产品之间的竞争日益激烈,注册商标是农产品顺利走向市场的必经途径之一。

(一)商标是农产品的"身份证"

商标是识别某商品、服务或与其相关具体个人或企业的显著标志。商标经过注册,受法律保护。对于农产品来说,商标可以用于区别来源和品质,是农产品生产经营者参与竞争、开拓市场的重要工具,同时也承载了农业生产经营管理、员工素质、商业信誉等,体现了农产品的综合素质。商标还起着广告的作用,也是一种可以留传后世永续存在的重要无形资产,可以进行转让、继承,作为财产投资、抵押等。

(二)农产品商标注册程序

农业法第49条规定:国家保护植物新品种、农产品地理标志等知识产权。商标法第3条规定:经商标局核准注册的商标为注册商标,包括商品商标、服务商标和集体商标、证明商标;商标注册人享有商标专用权,受法律保护。商标如果不注册,使用人就没有专用权,就难以禁止他人使用。因此,在农产品上使用的商标要获得法律保护,应进行商标注册。

商标法规定:自然人、法人或者其他组织可以申请商标注册。因此,农村承经营户、个体工商户均可以以自己的名义申请商标注册。申请注册的标应当具有显著性,不得违反商标法的规定,并不得与他人在先的权利相冲突。

申请文件准备齐全后,即可送交申请人所在地的县级以上工商行政管理局,由其向国家工商行政管理总局商标局核转,也可委托商标代理机构办理商标注册申请手续。

(三)农产品注册商标权益保护

商标注册后,注册人享有专用权,他人未经许可不得使用,否则构成侵权,将受到法律的惩罚。商标侵权行为是指行为人未经商标所有人同意,擅自使用与注册商标相同或近似的标志,或者干涉、妨碍商标所有人使用注册商标、损害商标权人商标专用权的行为。侵权人通常需承担停止侵权的责任,明知或应知是侵权的行为人还要承担赔偿的责任。情节严重的,还要承担刑事责任。

判断是否构成商标侵权,不仅要比较相关商标在字形、读音、含义等构成要素上的近似性,还要考虑其近似是否达到足以造成市场混淆的程度。
当确认商标被侵权时,按照我国商标法的规定,商标注册人或者利害关系人可以向人民法院起诉,也可以请求工商行政管理部门处理。

第十章　新型职业农民综合知识

第一节　现代农业的概念、特征

一、现代农业的概念

何为现代农业？对现代农业内涵的理解是一个不断更新、充实和演进的过程。学术界较为一致的看法是，现代农业是农业生产和社会经济发展到一定阶段的产物或成果，即在采用大机器生产的现代工业的基础上发展起来的。

现代农业是一个动态的概念，它是不断采用现代的、新的生产要素替代过去的、传统的生产要素的农业。也就是说，人类第一次在农业生产和经营中大规模自觉应用现代科学技术和农业机器，广泛采用以"机械—化学技术群"为核心的现代科学技术和现代工业提供的生产资料和科学管理方法。现代农业经历了机械化、化学化、绿色革命为中心的三次革命，用现代的耕作机械、水利灌溉设备等代替旧的手工工具和马拉农具，在农业生产中大量投入物质装备，尽量节约劳动力，实现农业机械化；通过化学在农业中广泛高质的应用，以及农作物品种的改良，实行土地集约化经营。

现代农业是一个历史的概念，它是农业发展史上的一个重要阶段，于近现代首先在发达国家、发达地区出现。近代，世界人口的增加对传统农业提出了巨大挑战，加之工业发展对农产品原材料的需求大增，在双重压力的共同刺激下，发展起来的科学技术和工业革命大潮,激发了近代的农业科技革命,出现了化学肥料、合成农药、育种技术、拖拉机和农用电力机械,外源的物质和能量打破了传统农业封闭式的循环,带来了20世纪农业的高速发展。对农业行之有效的技术(如机械、化肥、农药、种子等)开始大规模的用于农业生产,以美国、西欧为代表的发达国家,粮食产量翻番,粮食出口贸易迅速增长,在很长时间一直控制着世界粮食贸易格局,如美国在20世纪80年代中后期,玉米、大豆和小麦的出口额占到全世界同类产品出口额的60%、63%和30%。发达国家农业现代化大体上是从18世纪末、19世纪初开始,到20世纪80年代现代农业已达到相当高的水平。但是,高投入,高产出,也付出了高代价,化学物质的污染、自然资源的破坏、能源的高消耗困扰着当今社会。为了有效地减少水土流失,减少水质污染,土壤污染和农产品的污染等,从20世纪70~80年代开始,西方多数发达国家开始调整农业发展战略,这一时期出现了"有机农业""生物动力学农业""生物农业""自然农业"以及"生态农业"等农业理论与实践。这些理论与实践使得现代农业将不仅向人们提供高品质高营养食品,更将在人与自然和谐发展的进程中发挥正向积极作用。

二、现代农业的特征

(一)现代农业的基本特征

现代农业的基本特征是:农民普遍具有较高文化水平;建立在现代自然科学基础上的一整套农业科学技术形成并推广;现代农机体系形成;农业现代化设备成为主要生产工具;投入农业的能源显著增加;开始运用人造卫星、电子计算机、原子能、遥感技术、生物工程等。农业劳动生产率、土地生产率和农产品商品率大幅度提高,生产高度专业化、商品化和社会化。

(二)现代农业的主要特征

现代农业的主要特征体现在以下几方面。

1. 具备较高的综合生产率

具备较高的综合生产率,包括较高的土地产出率和劳动生产率

农业成为一个有较高经济效益和市场竞争力的产业,这是衡量现代农业发展水平的最重要标志。

2. 农业成为高度商业化的产业

农业主要为市场而生产,具有很高的商品率,通过市场机制来配置资源。商业化是以市场体系为基础的,现代农业要求建立非常完善的市场体系,包括农产品现代流通体系。离开了发达的市场体系,就不可能有真正的现代农业。农业现代化水平较高的国家,农产品商品率一般都在90%以上,有的产业商品率可达到100%。

3. 实现农业生产物质条件的现代化

以比较完善的生产条件,基础设施和现代化的物质装备为基础,集约化、高效率地使用各种现代生产投入要素,包括水、电力、农膜、肥料、农药、良种、农业机械等物质投入和农业劳动力投入,从而达到提高农业生产率的目的。

4. 实现农业科学技术的现代化

广泛采用先进适用的农业科学技术、生物技术和生产模式,改善农产品的品质、降低生产成本,以适应市场对农产品需求优质化、多样化、标准化的发展趋势。现代农业的发展过程,实质上是先进科学技术在农业领域广泛应用的过程,是用现代科技改造传统农业的过程。

5. 实现管理方式的现代化

广泛采用先进的经营方式,管理技术和管理手段,从农业生产的产前、产中、产后形成比较完整的紧密联系、有机衔接的产业链条,具有很高的组织化程度。有相对稳定、高效的农产品销售和加工转化渠道,高效率地把分散的农民组织起来形成体系,

有现代农业管理体系。

6. 实现农民素质的现代化

具有较高素质的农业经营管理人才和劳动力,是建设现代农业的前提条件,也是现代农业的突出特征。

7. 实现生产的规模化、专业化、区域化

通过实现农业生产经营的规模化、专业化、区域化,降低公共成本和外部成本,提高农业的效益和竞争力。

8. 建立与现代农业相适应的政府宏观调控机制

建立完善的农业支持保护体系,包括法律体系和政策体系。

9. 农业成为可持续发展的产业

农业发展本身是可持续的,而且具有良好的区域生态环境。广泛采用生态农业、有机农业、绿色农业等生产技术和生产模式,实现淡水、土地等农业资源的可持续利用,达到区域生态的良性循环,农业本身成为一个良好的可循环的生态系统。

第二节　家庭经营是新型农业经营体系的主体

一、家庭联产承包的产生

家庭联产承包是当代中国农村的一项基本制度,其影响之深远、覆盖之广泛是其他农村基本制度无可比拟的。

中国是一个历史悠久的文明古国,在长达两千多年的封建半封建社会里,封建地主阶级的土地占有制度占据统治地位,社会经济发展十分缓慢。新中国成立后,人民政府开始着手对封建半封建的土地制度进行改革。1950年6月30日,新中国第一部土地法《中华人民共和国土地改革法》诞生。从1950年冬到1953年春,在占全国人口一半以上的新解放地区完成了土地改革。

在土地改革进行之时,农村的社会主义改造已经起步。从互助组、初级合作社到高级合作社,农村的集体化程度逐步升级,到1956年底,参加高级社的农户占农户总数的87.8%,基本上实现了高级合作化。1958年的"大跃进"和"人民公社化运动"使中国农村进入了长达二十多年的人民公社时期。农村在实行"政社合一"、"三级所有,队为基础"的人民公社体制以后,实行统一经营、集体劳动、平均分配的体制,这种体制不适合农村生产力的要求,不符合广大农民群众的意愿,严重挫伤、压抑了农民群众的积极性,所以农业生产长期停滞徘徊,粮食和农产品严重短缺,到1978年,全国人均占有粮食只有633斤,同1956年相比,只多了19斤,只好靠进口粮食来弥补。农民年人均分配收入只有70多元,全国有1/3多的农民,也就是约1.5亿人处在温饱都解决不了的贫困境地。

1978年,安徽、四川的一部分地区搞起了"包产到组"、"包产到户",调动了农民的积极性,农业产量显著提高,一场冲破人民公社体制的农村经济体制改革拉开了帷幕。从1982年到1986年,中央每年都发出一个1号文件,指导农村改革一步一步地突破原来"三级所有,队为基础"的人民公社体制,创造出了一条中国特色的农业发展道路。1983年10月,中共中央、国务院发出《关于实行政社分开建立乡政府的通知》,规定建立乡镇政府作为基层政权。到1984年底,全国各地基本完成了政社分设,建立了9.1万个乡镇政府,92.6万个村民委员会。从此,党、政、社合一,"三级所有,队为基础"的人民公社制度不复存在,农村经济组织转为以家庭承包经营为基础、统分结合的双层经营体制。随着中央文件精神的广泛深入贯彻,农村家庭联产承包制进一步扩展。1984年,全国实行联产承包制的队有569万个,其中实行大包干的队563.6万个,仅有0.2万个队尚未实行联产承包制。至此,家庭联产承包责任制已在全国实行。

二、家庭承包制的历史功绩

家庭联产承包责任制的推广极大地解放了农村生产力,调动起了农民的生产积极性,它不仅一举解决了困扰多年的粮食问题,推动了农业、农村的全面进步,而且通过乡镇企业探索了一条中国特色工业化路子,更为深远的是为全面改革的推进、整个社会的进步提供了经验。

1. 实现了生产资料的所有权与经营权的分离

农户作为独立经营者的地位进一步得到加强,使农户的利益直接与其生产经营活动紧密联系起来,刺激了农户的生产积极性,解放了农业生产力。据国家统计局的统计,1979－1984年,主要农产品产量全面提高,全国粮食产量由1978年的30 477万吨增加到1984年的40 731万吨,平均每年增加1 709万吨,增长率达4.95%,比前26年的2.41%的增长率高1倍多,仅用短短6年时间就实现粮食增长1亿吨。同期全国棉花总产量由216.7万吨增加到625.8万吨,增长1.8倍;油料产量由521.8万吨增加到1 191万吨,增长1.3倍;猪牛羊肉产量由856.3万吨增加到1 540.6万吨,增长80%。

2. 有利地缓解了我国土地资源稀缺与人口膨胀的矛盾

据有关研究表明,在不发达国家,土地小规模经营比大农场效率要高,因为一方面土地小规模经营加强了农户劳动与劳动成果之间的联系;另一方面提高了土地单位面积的产出率。我国是世界上人均耕地最少的国家之一,却是世界上人口最多的国家。实行家庭联产承包责任制,土地经营规模小型化,可以在极有限的土地资源上吸收投入更多的劳动力,较充分地利用了土地资源和劳动力。

3. 使部分农民从土地的束缚中解放出来,支持工业经济的发展

我国实行家庭承包制后,乡镇企业的异军突起,就是一个很

好的证明。到1987年，乡镇企业数量从1978年的152万个发展到1 750万个，从业人数从1 826万人猛增到8 805万人，产值达到4 764亿元，占农村社会总产值的50.4%，第一次超过了农业总产值。这是农村经济的一个历史性变化。乡镇企业的兴办，不仅在增加农民收入、促进农业发展、繁荣农村经济、更新农民观念方面起到重大作用，而且在提供财政收入、发展出口创汇、推进我国工业化及城市化进程方面做出了重大贡献。随着乡镇企业的发展，中国兴起了一大批小城镇。这对推进我国农民角色的转变、农村社会向工业化及城市化转型提供了一条具体可行的道路。总之，家庭联产承包责任制的产生和推广，对中国的经济制度、政治制度改革都产生了深远的影响。

第三节　发展多种形式规模的经营体系

党的"十八大"明确提出，坚持和完善农村基本经营制度，发展多种形式规模经营，构建集约化、专业化、组织化、社会化相结合的新型农业经营体系。这为我国现代农业发展指明了方向。然而目前，我国一些地方在农业的规模化问题上从认识到实践都存在一些误区。一方面，盲目学习西方农业规模化经营做法，生搬硬套西方规模化发展模式，另一方面，从革命党向执政党角色转换尚不到位，军事化思维的惯性还在作祟。在这两种因素的共同作用下，认为现代农业规模化就是土地的规模化，土地的规模化就是土地集中度越高越好，土地集中度越高代表现代化程度就越高。以致形成不顾客观实际大面积推进土地规模化热潮。诚然，只有规模化才便于机械化、标准化、现代化，才能提高效率，但现代农业规模化内容丰富，涵盖面广，土地规模化仅仅是其中一个方面，也并非是必要条件。日本等一些人多地少的国家，小规模家庭经营，同样可以建成现代农业，实现农业现代化。因此，我国人多地少的基本国情，决定了现代农业在规模化问题上不能只在土地上动脑筋,土地只能适度规模,需要特别狠下功夫的应在如下5个方面。

一、产业布局的规模化

推进现代农业产业布局规模化,便于公益性、社会化服务,便于生产经营管理,有利于发展区域特色产业,有利于形成区域品牌,增强核心竞争力。当前,我国各地按照工业反哺农业、城市支持农村和多予少取放活方针,着力推进城乡产业规划一体化,根据当地的资源禀赋,科学合理配置空间布局,谋划一批现代农业示范园区。但一些地方产业布局缺乏科学谋划,发展的产业过多,重点不突出,散乱零碎,规模太小,形不成拳头。在园区的经营上,不少地方还采用"大园区、大业主"贪大求洋的惯性思维,这是一个误区,中国现代农业必须走"大园区、小业主"的发展路子,才是符合国情的好途径。20世纪60~70年代,我国一大二公的人民公社体制,实际上就是实行"大面积、大业主"的发展模式,农民没有自主经营权,生产积极性受到严重影响,形成农业生产的"大呼隆",劳动生产率和土地产出率低下。目前,许多城市大公司大企业到农村盲目圈地建"大园区"、"大基地",自己当大业主,极易导致4个后果。一是容易产生"挤出效应",使绝大多数靠家庭经营的农民无力竞争,增收更难。二是在"带动"农民的同时,也"代替"了农民,农民成为雇工,使农民无法参与农业的经营管理,生产的积极性、主动性和创造性严重受阻。三是农业是弱质产业,比较效益较低,企业规模经营又要大量雇佣农业工人,进一步降低收益,大大增加企业的经营风险。四是一旦公司不干了,或出现风险,被流转了土地的农民收益没了,在公司打工的机会也没了,他们的后顾之忧难以解决。"公社+社员"是政府在种地,"公司+农户"是企业在种地,政府种不好地,企业同样种不好地,种地的必须是农民自己。因此,我国现代农业产业布局,应按照宜种植则种植、宜养殖则养殖、宜林则林、宜加工则加工、宜旅游则旅游等原则,谋划建设一批产业特色鲜明、带动农民增收、竞争力强的大园区,形成差异化布局,区域性优势的格局。在大园区中重点扶持新型职业化农民、专业大户、家庭农场、合作社等新型经营主体,大力支持帮助农户与农户发展多种形式的联合与合作,引导龙头企业与农户、合作社建立合理的利益联结机制,走出一条"大园区、小业主"的现代农业发展之路。

二、产业链条的规模化

发达国家已普遍进入后现代农业时代,如果还把农业局限于"一产",农业就会钻入死胡同,必须用现代理念构建一个上中下游一体,一二三产业融合,产供销加互促的多功能复合型产业链条。从更宏观层面上看,这一产业链条的打造,也是统筹城乡发展、逐步改变城乡二元经济结构,促进工业化、信息化、城镇化和农业现代化四化同步的必由之路。目前,我国各地农业产业链条过短,农产品生产的关键技术和加工的研发技术等十分滞后,产品销售还主要以"原"字号为主,农产品加工特别是精深加工严重不足,营销能力尤其落后,巨大的增值空间还没有打开。千方百计拉长产业链,努力构建从生产起点到消费终端的完整产业链条,应是我国现代农业未来发展的方向。就工业生产而言,一个完整的产业链通常包括生产制造、产品设计、原材料采购、订单规划、商品运输、产品零售等诸多环节。其中生产制造环节附加值最低。中国作为"世界工厂"主要从事的是产业链最低端的制造业,生产 8 亿条裤子才能换回一架空客 A380 飞机。农业的完整产业链条也同样包含这些环节。要获得更高的农业效益,除了生产种植,更要获取设计、包装、加工、仓储、运输、销售、研发等后续产业链条中的高附加值。上海崇明岛前卫村,只有 5 000 亩地,以生态农业为核心,综合打造种植业、养殖业、农产品加工业、新能源及乡村旅游等产业,构建起完整的产业链条,村民人均年收入达到16万元之巨。未来,各地应加大招商引资力度,引导城市资金、技术、人才等生产要素向农村流动,重点鼓励城市工商企业到农村建立优质农产品生产加工基地,支持农产品精深加工关键技术研发,大力发展农产品精深加工业,同时,精心打造农产品从包装设计、储藏运输、订单处理、批发经营到终端零售等产业链条各个环节,努力构建完整的产业链条,从而不断提高农业生产力和劳动生产率,让农民更多地贡献农产品增值收益。

三、组织的规模化

提高农民组织化程度,不仅可以降低农业的交易成本,提升农民在市场中的谈判地位,同时还能够增强农民抵御来自自然的、社会的、政策的、市场的等种种风险的能力。世界各国农业发展经验也表明,将农业生产者组织起来是建设现代农业必然选择。美国农业合作社对内为其社员提供物资与资金、组织经营管理等,对外帮助输出劳务和销售农副产品等,有效避免了市场风险、保护了农民利益。日本农协在政府财力物力支持下,通过其遍及全国的机构和广泛的业务活动,同农户建立了各种形式的经济联系,在产前、产中、产后诸环节上使小农户同大市场成功对接,在有效阻止商业资本对农民的盘剥、保护农民利益方面发挥了举足轻重的作用。连封建皇帝都十分重视让农民组织起来,1898年,清朝光绪皇帝曾颁布上谕要求全国各州、府、县力推农会。近年来,我国农民专业合作组织,特别是合作社实现了快速发展。资本的力量来自钱的集合,钱多势众;组织的力量来自人的集合,人多自然也势众。当前,一些地方通过农民专业合作组织,实行"六统一分"把分散的种养殖农户组织起来,进行标准化生产,实现规模化经营的路子值得借鉴和大力推行。"六统一分"即:统一优良品种、统一投入品配送、统一疫病防控、统一机械化作业、统一技术标准、统一市场营销、分户适度规模种植养殖。这其中重要的一条就是政府要创造环境,切实搞好服务。但是,在发展农民组织的问题上应防止出现当年"公社+社员"的翻版,同时应避免"公司+农户"的弊端,走"农户+农户"的路子才是正途。

四、服务的规模化

构建覆盖全程、综合配套、便捷高效的多元新型的社会化服务体系,是发展现代农业的基本要求。社会化服务体系包括公益性、经营性和自助性三大方面,公益性的应由政府负责,经营性的由市场运作,自助性的由农民合作组织承担。我国农业公益性服务还很脆弱,经营性和自助性服务组织发育不足,多元化、多层次、多形式的社会化服务体系亟待建立健全。当前在城市化高潮的背景下,由于轻农、弃农、厌农思想蔓延,许多社会组织不愿为农服务,认为为农服务收益不高,前途不大。随着我国工业化、城镇化的快速推进,青壮年农民几乎都进入城市经商务工,农村务农只剩下"389961"部队,越来越多的农活急需社会提供服务。近些年在全国范围内公益性与经营性服务有效结合的成功范例就是农机跨区作业。国家不断加大购机补贴力度,全国各级农机部门收集发布天气、供求、交通等信息,协调保障柴油供应、落实免费通行政策,每年"三夏",全国大约50万台农民自购的联合收割机便自发地南下北上跨区作业,就解决了全国80%以上的机械化收割问题,2012年全国农业机械化服务经营收入达到4800亿元,实现了农民、机手和政府的多赢。国际经验表明,西方发达国家农业服务业人口比农业人口要多得多,一个农民身边围绕着好几个人甚至十几个人为他服务。为农服务的企业完全可以做大做强,从美国种业发展就可见一斑,全美涉及种子业务的企业有700多家,其中种子公司500多家,既有孟山都、杜邦先锋、先正达、陶氏等跨国公司,也有从事专业化经营的小公司或家庭企业,还有种子包衣、加工机械等关联产业企业200多家。2010年,孟山都销售收入105亿美元,其中种子及生物技术专利业务76亿美元,除草剂业务29亿美元;杜邦先锋销售收入315亿美元,其中种子业务53亿美元;先正达销售收入116亿美元,其中种子业务销售收入28亿美元。可见我国为农业服务的服务业蕴藏着多么巨大的潜力。我们必须下大功夫挖掘这一潜力,开拓这一市场,千方百计引导大企业大公司下乡发展各类为农服务的服务业。未来我国应加快构建以公益性服务、经营性服务和自助性服务相结合、专项服务和综合服务相协调的新型农业社会化服务体系。

五、适合工厂化生产的种养业规模化

工厂化农业也称设施农业,它是利用现代工业技术装备农业,在可控环境条件下,采用工业化生产方式,实现集成高效及可持续发展的现代农业生产与管理体系。用工业化的生产方式代替传统小农生产方式,可以有效地利用现代工业技术和设施装备农业,使农业生产摆脱自然环境与条件的束缚,利用现代工业化的管理和生产手段从事农业生产,提高劳动生产率和土地产出率,使资源得到合理、高效利用,使农产品的市场占有率大大提高。目前,我国工厂化农业规模较小、科研和技术应用水平还较低、管理水平也亟待提高。世界上有一些工厂化农业比较发达的典型范例,比如荷兰温室园艺已形成一个具有相当规模的产业,利用有限的资源带来无限的财富令世人瞩目,值得我国学习。20世纪90年代以来,荷兰每年以花卉为主的农产品净出口值一直保持在130多亿美元左右,约占世界农产品贸易市场份额的10%。以色列的设施农业在世界上最负盛名,北欧一些国家的温室蔬菜也是后起之秀。我国山东的寿光,自20世纪80年代以来,选准设施蔬菜作为带动农民增收的主导产业常抓不懈,目前年产蔬菜400万吨,拥有全国最大的农产品物流园,产品除销往全国各地外,还出口至日、韩、中国香港等数十个国家和地区,成为国家级"出口食品农产品质量安全示范区",是著名的"中国蔬菜之乡"。从现代农业发展趋势看,我国完全能够走出一条适合国情,具有中国特色的摆脱环境控制的工厂化农业发展之路。大力发展设施高效农业,加大农业物联网技术应用力度,着力扶持一批工厂化蔬菜、瓜果、花卉、畜产品、水产品等设施技术和产业建设的发展,应是我国现代农业的重要着力点。但对于畜产品、水产品等养殖业应充分考虑环境的承载力,发展适度规模的工厂化经营,不可超越当地环境的净化能力盲目扩容。

当前,中国畜牧业正陷入盲目求大的困境。自2008年"三聚氰胺毒奶粉"事件后,中国就开始了"万头大牧场"的建设运动,目前已有40多个1万~2万头的大牧场,数量居世界第一。中部某省有一个存栏设计4万头的大牧场,可能规模居世界第一。在畜牧发达且地广人稀的美国、加拿大,大牧场仍然是实验性的,一般规模多在3 000头左右,其他国家多为散养或在千头以下规模。美国大牧场每头牛产奶9.6吨,中国平均4.5吨,做得最好的大牧场也只有8吨。万头大牧场带来巨大的生态压力,一个万头大牧场需要周围3万亩农田消纳粪便。大牧场在国外不能发展的原因即在此。在中国企业则不需要考虑污染问题,地不是自己的,周围居民反映有当地基层干部帮助弹压。这仅是权宜之计,带来的污染终归要从根本上解决。

第四节　发展农民合作社

一、为什么要发展农民专业合作社

我国市场经济体制确立后,家庭联产承包经营的农民成为市场主体,如何解决一家一户的农民进入市场问题,是我们现在农村经济发展面临着亟待解决的重大课题。由于受我国传统合作化失败的影响,现在很多人把家庭承包经营与农民合作化对立起来。有的认为稳定家庭承包经营,就不能谈农民合作,农村推行合作化就会动摇家庭承包经营;有的认为农村家庭承包经营已经不适应农业现代化发展要求,要求用合作化代替家庭承包经营。这两种对立观点,都不符合我国农村经济发展实际情况。动摇家庭承包经营,就会违背农民的意愿,破坏农民生产积极性,家庭承包经营是中国农民的历史选择,是被实践证明了的,是党在农村政策的基石,长期坚持家庭承包经营是调动亿万农民生产积极性的最有效和最根本办法。农民不走合作化,一家一户的农民就不能适应市场经济的发展要求,小生产和大市场的矛盾就无法解决,农民不走合作化,农业专业化生产就很难提高,农民就很难增收,农业现代化就不会实现。农民专业合作社的优越性体现是以下几方面。

（1）是市场主体的一种补充形式,农民可以有效组织起来建企业,按产业化发展模式发展自身。

（2）有利于农业生产的规模化发展。

（3）有利于提高农业标准化生产水平,产品直接参与国际竞争。

（4）有利于提升产业化水平,减少成本,减少中间环节。

（5）有利于品牌化经营,拓展销路。

（6）有利于提高农民素质。

（7）有利于政府对农业的投资方式,把补贴直接兑现到农户,以后不再对产业化当中的企业进行补贴。财政部每年拿出2个亿对农民专业合作社进行补贴,省、市、县还要拿出配套资金用于合作社的扶持。还规定中央和地方应当分别安排资金,支持合作社开展信息、培训、农产品质量标准与认证、农业生产基础设施建设、市场营销和技术推广等服务。

二、建立农民专业合作社是当前农村经营体制的迫切需求

（1）以家庭承包经营为基础,统分结合的农村经营体制是我国农村的基本生产关系。家庭承包经营这一生产组织形式符合中国农业自身特点,能够调动起广大农民生产积极性,应长期坚持不能动摇,但家庭承包经营在社会主义市场经济体制下存在如下问题。

一是一家一户分散经营的小生产和千变万化的社会大市场的矛盾。

二是一家一户农民作为市场主体同高度组织化的企业主体是不平等,农民在交易中处于被动地位。

三是一家一户分散经营使生产的农产品专业化水平低,农产品在市场竞争中处于劣势。

四是一家一户分散经营很难使科技和良种结合起来。

五是一家一户分散经营的农民无力加工农产品,分享农产品增加值收入等。

村乡集体经济组织是双层经营体制的"统"的层次,主要是解决分散经营农户解决不了的问题。但由于长期以来村集体经济组织仍然存在人民公社体制的弊端,大量事实表明,现在的村集体经济组织更多的是起到行政职能作用,没有独立的经济法人地位,无力为农户家庭经营发展服务。

(2)农业产业化(公司+农户)形式是带动农业发展的重要组织形式,但实践证明这一模式还存在诸多问题。

一是公司和农户同是市场主体,公司和农户的市场主体地位是不平等的。

二是公司的性质是追求市场利润最大化,农户市场是公司追求利润的重要组成部分,农户很难分享到社会化的平均利润。

三是公司+农户形式组织农民成本高(连接千家万户公司将付出较大成本),市场竞争由于成本过高而处于劣势,直至被淘汰。

四是公司+农户缺少利益关联度,合同很难执行,农产品涨价农民惜售,农产品降价,公司不收或因收购成本高而失去竞争能力;大多数公司目前很少与农民签订合同,农民还是自主种植,缺乏计划性,农户承担的风险较大。

五是公司确定农户农产品价格一般是与农民传统农产品价格比较,"以不低于"来确定合同价格,只解决了农户卖难问题,没有解决农民增收问题。

另外,国家产业化龙头企业是依靠政策扶持的,而不是依靠市场形成的,政策一定时期扶持结束之后,就是企业困难之时,农民增收和农业发展问题仍难以解决。

上述农村经济体制和经营体制存在的问题,是关心农村经济发展的各级党委和政府急需要解决的问题。那么如何解决农村经济发展中出现的矛盾呢?深化改革,把农民改革的积极性调动起来,让农民这一弱势群体走向联合与合作,培育新的市场主体,使农民成为企业的利益主体和风险主体,依靠农民自己的力量建立多种相互促进,又能统一的社会化合作服务体系,做到农民之间联合互助依靠集体的力量带动家庭经济的发展。

三、农民专业合作社登记管理条例对设立登记制的规定

为了确保农民专业合作社真正成为农民自己主导的合作经济组织,条例依照《农民专业合作社法》的有关规定,对农民专业合作社设立登记作了以下几个方面的规定。

一是规定了提交的文件:①设立登记申请书;②全体设立人签名、盖章的设立大会纪要;③全体设立人签名、盖章的章程;④法定代表人、理事的任职文件和身份证明;⑤载明成员的姓名或者名称、出资方式、出资额以及成员出资总额,并经全体出资成员签名、盖章予以确认的出资清单;⑥载明成员的姓名或者名称、公民身份号码或者登记证书号码和住所的成员名册,以及成员身份证明;⑦能够证明合作社对其住所享有使用权的住所使用证明;⑧全体设立人指定代表或者委托代理人的证明。农民专业合作社的业务范围有属于法律、行政法规或者国务院规定

在登记前须经批准的项目的,还应当提交有关批准文件。

二是规定了出资方式和评估方式。农民专业合作社成员可以用货币出资,也可以用实物、知识产权等能够用货币估价并可以依法转让的非货币财产作价出资。成员以非货币财产出资的,由全体成员评估作价。成员不得以劳务、信用、自然人姓名、商誉、特许经营权或者设定担保的财产等作价出资。

三是规定了成员的条件。具有民事行为能力的公民,以及从事与农民专业合作社业务直接有关的生产经营活动的企业、事业单位或者社会团体,能够利用合作社提供的服务,承认并遵守合作社章程,履行章程规定的入社手续的,可以成为农民专业合作社的成员。但是,具有管理公共事务职能的单位不得加入农民专业合作社。

四是规定了成员的数量以及农民成员和企事业单位、社会团体成员所占的比例。农民专业合作社应当有 5 名以上的成员,其中,农民至少应当占成员总数的80％。成员总数 20 人以下的,可以有 1 个企业、事业单位或者社会团体成员;成员总数超过 20 人的,企业、事业单位和社会团体成员不得超过成员总数的5％。

五是对成员身份证明作了具体规定。农民专业合作社的成员为农民的,成员身份证明为农业人口户口簿;无农业人口户口簿的,成员身份证明为居民身份证和土地承包经营权证或者村民委员会(居民委员会)出具的身份证明。农民专业合作社的成员不属于农民的,成员身份证明为居民身份证。合作社的成员为企业、事业单位或者社会团体的,成员单位应提供企业法人营业执照或者其他登记证书。

六是规定了设立登记的程序。申请人提交的登记申请材料齐全、符合法定形式,登记机关能够当场登记的,应予当场登记,发给营业执照。对不能当场登记的,登记机关应当自受理申请之日起 20 日内,作出是否登记的决定。予以登记的,发给营业执照;不予登记的,应当给予书面答复,并说明理由。

第五节　土地经营权的使用

一、土地家庭承包的程序

土地承包程序包括5步:一是本集体经济组织成员的村民会议选举产生承包工作小组;二是承包工作小组依照法律、法规的规定拟定并公布承包方案;三是依法召开本集体经济组织成员的村民会议,讨论通过承包方案;四是公开组织实施承包方案;五是签订承包合同。

二、土地家庭承包经营权的期限

2002年颁布的《中华人民共和国农村土地承包法》(以下称《农村土地承包法》)第4条和第20条规定,国家依法保护农村土地承包关系的长期稳定,耕地的承包期限为30年;草地的承包期限为30~50年;林地的承包期限为30~70年;特殊林木的林地承包期,经国务院林业行政主管部门批准可以延长。

第二轮土地承包过程中,有的地方签订的承包合同约定的承包期达不到法律规定期限的,应当按照法律规定修改承包期。有的地方按照当地人民政府的有关规定签订的承包合同,约定的承包期比该法规定的期限更长的,其承包期限继续有效,不必修改,也不得重新承包。

三、承包期内不得收回承包地的规定

1. 承包期内不得收回承包地

承包期内发包方不得收回承包地。但是,承包期内,承包方全家迁入设区的市,转为非农业户口的,应当将承包的耕地和草地交回发包方。承包方不交回的,发包方可以收回承包的耕地

和草地。需要指出的是,由于林地生产周期长,为保护植树造林的积极性,《农村土地承包法》规定不得收回承包的林地,承包林地的农民全家迁入设区的城市后,可以进行土地承包经营权流转,也可以继续承包经营。

2. 农民全家迁入小城镇后承包土地的处理

目前我国小城镇的社会保障制度尚不健全,农民在小城镇一旦遇到工作困难,还是要回到农村从事农业生产,以此作为基本的社会保障。因此,《农村土地承包法》规定,承包期内,承包方全家迁入小城镇落户的,应当按照承包方的意愿,保留其土地承包经营权或者允许其依法进行土地承包经营权流转。

四、承包期内不得调整承包地的规定

1. 承包期内不得调整承包地

为了稳定农村土地承包关系,《农村土地承包法》规定,承包期内,发包方不得调整承包地。在《农村土地承包法》实施以后,出现人地矛盾,主要采取3种途径解决:一是利用承包时依法预留的机动地(机动地面积不超过本集体经济组织耕地总面积的5%)、承包期内依法开垦增加的土地、承包方依法自愿交回的土地等,发包给新增人口;二是依法进行土地承包经营权流转,通过转包、出租、转让等方式,在稳定家庭承包经营的基础上,将土地承包经营权流转到需要的人的手里;三是通过发展乡镇企业和第二、第三产业,转移农村剩余劳动力,从根本上减轻人口对土地的压力。

2. 允许进行个别调整的情形及程序

承包期内,因自然灾害严重毁损承包地等特殊情况对个别农户之间承包的耕地和草地需要适当调整的,必须经本集体经济组织成员的村民会议2/3以上成员或者2/3以上村民代表的同意,并报乡(镇)人民政府和县级人民政府等农业行政主管部门批准。承包合同中约定不得调整的,按照其约定执行。

五、家庭承包经营权的继承

《农村土地承包法》第31条区分3种不同情况,对继承问题做出了规定。

一是家庭承包的土地承包经营权不发生继承问题。通过家庭承包形式取得的土地承包经营权,家庭的某个或者部分成员死亡的,土地承包经营权不发生继承问题。家庭成员全部死亡的,土地承包经营权灭失,由发包方收回承包地。

二是承包人应得的收益可以依法继承。在承包期内,承包人死亡的,其依法应当获得的承包收益,按照《中华人民共和国继承法》的规定可以继承。这里的承包人应当理解为承包户的家庭成员。

三是林地的承包经营权的继承。林地承包的承包人死亡,其继承人可以在承包期内继续承包。这里主要是指,家庭承包的林地,在家庭成员全部死亡的,最后一个死亡的家庭成员的继承人(可以是本集体经济组织成员,也可以是集体经济组织以外的继承人),在承包期内均可以继续承包,直到承包期满。

六、土地家庭承包经营权的流转

我国《农村土地承包法》规定,农户的土地承包经营权可以依法流转。在稳定农户的土地承包关系的基础上,允许土地承包经营权合理流转,是农业发展的客观要求。而确保家庭承包经营制度长期稳定,赋予农户长期而有保障的土地使用权,是土地承包经营权流转的基本前提。

1. 土地承包经营权流转的原则

(1)平等协商、自愿、有偿原则是根据我国《农村土地承包法》第三十三条规定,土地承包经营权的流转应当遵循该原则。尊重农户在土地使用权流转中的意愿,平等协商,严格按照法定程序操作,充分体现有偿使用原则,不搞强迫命令等违反农民意愿的硬性流转。流转的期限不得超过承包期的剩余期限,受让方须有农业经营能力,在同等条件下本集体经济组织成员享有优先权。

(2)不得改变土地集体所有性质、不得改变土地用途、不得损害农民土地承包权益("三个不得")。党的十七届三中全会审议通过的《中共中央关于推进农村改革发展若干重大问题的决定》中规定,上述"三个不得"是农村土地流转必须遵循的重大原则。农村土地归集体所有,土地流转的只是承包经营权,不能在流转中变更土地所有权属性,侵犯农村集体利益。实行土地用途管制是我国土地管理的一项重要制度,农地只能农用。在土地承包经营权流转中,农民的流转自主权、收益权要得到切实保障,转包方和农村基层组织不能以任何借口强迫流转或者压低租金价格,侵犯农民的权益。

2. 土地承包经营权流转的方式

依据我国《农村土地承包法》第37条规定,土地承包经营权的流转主要是以下几种方式:转包、出租、互换、转让、入股。

(1)转包。主要是指承包方把自己承包期内承包的土地,在一定期限内全部或部分转包给本集体经济组织内部的其他农户耕种。

(2)出租。主要是指承包方作为出租方,将自己承包期内承包的土地,在一定期限内全部或部分租赁给本集体经济组织以外的单位或个人,并收取租金的行为。

(3)互换。主要是指土地承包经营权人将自己的土地承包经营权交换给他人行使,自己行使从他人处换来的土地承包经营权。

(4)转让。主要是指土地承包经营权人将其所拥有的未到期的土地承包经营权以一定的方式和条件转移给他人的行为。

转让不同于转包、出租和互换。在转包和出租的情况下,发包方和出租方即原承包方与原发包方的承包关系没有发生变化,新发包方和出租方并不失去土地承包经营权。在互换土地承包经营权中,承包方承包的土地虽发生了变化,但并不因此而丧失土地承包经营权。而在土地承包经营权的转让中,原承包方与发包方的土地承包关系即行终止,转让方(原承包方)不再享有土地承包经营权。

(5)入股。是指承包方之间为了发展农业经济,自愿联合起来,将土地承包经营权入股,从事农业合作生产。这种方式的土地承包经营权入股,主要从事合作性农业生产,以入股的股份作为分红的依据,但各承包户的承包关系不变。

3. 土地承包经营权流转履行的手续

(1)土地承包经营权流转实行合同管理制度。《农村土地承包经营权流转管理办法》规定,土地承包经营权采取转包、出租、互换、转让或者其他方式流转,当事人双方应签订书面流转合同。

农村土地承包经营权流转合同一式四份,流转双方各执一份,发包方和乡(镇)人民政府农村土地承包管理部门各备案一份。承包方将土地交由他人代耕不超过一年的,可以不签订书面合同。承包方委托发包方或者中介服务组织流转其承包土地的,流转合同应当由承包方或其书面委托的代理人签订。农村土地承包经营权流转当事人可以向乡(镇)人民政府农村土地承包管理部门申请合同鉴证。

乡(镇)人民政府农村土地承包管理部门不得强迫土地承包经营权流转当事人接受鉴证。

(2)农村土地承包经营权流转合同内容。农村土地承包经营权流转合同文本格式由省级人民政府农业行政主管部门确定。其主要内容如下:

①双方当事人的姓名、住所。

②流转土地的四至、坐落、面积、质量等级。

③流转的期限和起止日期。
④流转方式。
⑤流转土地的用途。
⑥双方当事人的权利和义务。
⑦流转价款及支付方式。
⑧流转合同到期后地上附着物及相关设施的处理。
⑨违约责任。

(3)农村土地经营权流转合同的登记。进行土地承包经营权流转时,应当依法向相关部门办理登记,并领取土地承包经营权证书和林业证书,同时报乡(镇)政府备案。农村土地经营权流转合同未经登记的,采取转让方式流转土地承包经营权中的受让人不得对抗第三人。

七、其他方式的承包

不宜采取家庭承包方式的荒山、荒沟、荒丘、荒滩(通常并称"四荒")等农村土地,通过招标、拍卖、公开协商等方式承包的,属于其他方式承包。

1. 其他方式承包的特点

(1)承包方多元性。承包方可以是本集体经济组织成员,也可以是本集体经济组织以外的单位或个人。在同等条件下,本集体经济组织成员享有优先承包权。如果发包方将农村土地发包给本集体经济组织以外的单位或个人承包,应当事先经本集体经济组织成员的村民会议2/3以上成员或者2/3以上村民代表的同意,并报乡(镇)人民政府批准。

(2)承包方法的公开性。承包方法是实行招标、拍卖或者公开协商,发包方按照"效率优先、兼顾公平"的原则确定承包人。

2. 其他方式承包的合同

荒山、荒沟、荒丘、荒滩等可以通过招标、拍卖、公开协商等方式实行承包经营，也可以将土地承包经营权折股给本集体经济组织成员后，再实行承包经营或者股份合作经营。承包荒山、荒沟、荒丘、荒滩的，应当遵守有关法律、行政法规的规定，防治水土流失，保护生态环境。发包方和承包方应当签订承包合同，当事人的权利和义务、承包期限等，由双方协商确定。以招标、拍卖方式承包的，承包费通过公开竞标、竞价确定；以公开协商等方式承包的，承包费由双方议定。

3. 其他方式承包的土地承包经营权流转

通过招标、拍卖、公开协商等方式承包农村土地，经依法登记取得土地承包经营权证或者林权证等证书的，其土地承包经营权可以依法转让、出租、入股、抵押或者其他方式流转。与家庭承包取得的土地承包经营权相比较，少了一个转包，多了一个抵押。

土地承包经营权抵押，是指承包方为了确保自己或者他人债务的履行，将土地不转移占有而提供相应担保。当债务人不履行债务时，债权人就土地承包经营权作价变卖或者折价抵偿，从而实现土地承包经营权的流转。应注意我国现行法律只允许"四荒"土地承包经营权抵押，而大量的家庭承包方式下的土地承包经营权是不允许抵押的。

附录一

开展农村土地承包经营权抵押贷款试点的通知

国办发〔2014〕17号

各省、自治区、直辖市人民政府,国务院各部委、各直属机构:

农村金融是我国金融体系的重要组成部分,是支持服务"三农"发展的重要力量。近年来,我国农村金融取得长足发展,初步形成了多层次、较完善的农村金融体系,服务覆盖面不断扩大,服务水平不断提高。但总体上看,农村金融仍是整个金融体系中最为薄弱的环节。为贯彻落实党的"十八大"、十八届三中全会精神和国务院的决策部署,积极顺应农业适度规模经营、城乡一体化发展等新情况新趋势新要求,进一步提升农村金融服务的能力和水平,实现农村金融与"三农"的共赢发展,经国务院同意,现提出以下意见。

一、深化农村金融体制机制改革

(一)分类推进金融机构改革。在稳定县域法人地位、维护体系完整、坚持服务"三农"的前提下,进一步深化农村信用社改革,积极稳妥组建农村商业银行,培育合格的市场主体,更好地发挥支农主力军作用。完善农村信用社管理体制,省联社要加快淡出行政管理,强化服务功能,优化协调指导,整合放大服务"三农"的能力。研究制定农业发展银行改革实施总体方案,强化政策性职能定位,明确政策性业务的范围和监管标准,补充资本金,建立健全治理结构,加大对农业开发和农村基础设施建设的中长期信贷支持。鼓励大中型银行根据农村市场需求变化,优化发展战略,加强对"三农"发展的金融支持。深化农业银行"三农金融事业部"改革试点,探索商业金融服务"三农"的可持续模式。鼓励邮政储蓄银行拓展农村金融业务,逐步扩大涉农业务范围。稳步培育发展村镇银行,提高民营资本持股比例,开展面向"三农"的差异化、特色化服务。各涉农金融机构要进一步下沉服务重心,切实做到不脱农、多惠农(银监会、人民银行、发展改革委、财政部、农业部等按职责分工分别负责)。

(二)丰富农村金融服务主体。鼓励建立农业产业投资基金、农业私募股权投资基金和农业科技创业投资基金。支持组建主要服务"三农"的金融租赁公司。鼓励组建政府出资为主、重点开展涉农担保业务的县域融资性担保机构或担保基金,支持其他融资性担保机构为农业生产经营主体提供融资担保服务。规范发展小额贷款公司,建立正向激励机制,拓宽融资渠道,加快接入征信系统,完善管理政策(财政部、发展改革委、银监会、人民银行、证监会、农业部等按职责分工分别负责)。

(三)规范发展农村合作金融。坚持社员制、封闭性、民主管理原则,在不对外吸储放贷、不支付固定回报的前提下,发展农村合作金融。支持农民合作社开展信用合作,积极稳妥组织试点,抓紧制定相关管理办法。在符合条件的农民合作社和供销合作社基础上培育发展农村合作金融组织。有条件的地方,可探索建立合作性的村级融资担保基金(银监会、人民银行、财政部、农业部、供销合作总社等按职责分工分别负责)。

二、大力发展农村普惠金融

(四)优化县域金融机构网点布局。稳定大中型商业银行县域网点,增强网点服务功能。按照强化支农、总量控制原则,对农业发展银行分支机构布局进行调整,重点向中西部及经济落后地区倾斜。加快在农业大县、小微企业集中地区设立村镇银行,支持其在乡镇布设网点(银监会、人民银行、财政部等按职责分工分别负责)。

(五)推动农村基础金融服务全覆盖。在完善财政补贴政策、合理补偿成本风险的基础上,继续推动偏远乡镇基础金融服务全覆盖工作。在具备条件的行政村,开展金融服务"村村通"工程,采取定时定点服务、自助服务终端,以及深化助农取款、汇款、转账服务和手机支付等多种形式,提供简易便民金融服务(银监会、人民银行、财政部等按职责分工分别负责)。

(六)加大金融扶贫力度。进一步发挥政策性金融、商业性金融和合作性金融的互补优势,切实改进对农民工、农村妇女、少数民族等弱势群体的金融服务。完善扶贫贴息贷款政策,引导金融机构全面做好支持农村贫困地区扶贫攻坚的金融服务工作(人民银行、财政部、银监会等按职责分工分别负责)。

三、引导加大涉农资金投放

(七)拓展资金来源。优化支农再贷款投放机制,向农村商业银行、农村合作银行、村镇银行发放支小再贷款,主要用于支持"三农"和农村地区小微企业发展。支持银行业金融机构发行专项用于"三农"的金融债。开展涉农资产证券化试点。对符合"三农"金融服务要求的县域农村商业银行和农村合作银行,适当降低存款准备金率(人民银行、银监会、证监会等按职责分工分别负责)。

(八)强化政策引导。切实落实县域银行业法人机构一定比例存款投放当地的政策。探索建立商业银行新设县域分支机构信贷投放承诺制度。支持符合监管要求的县域银行业金融机构扩大信贷投放,持续提高存贷比(人民银行、银监会、财政部等按职责分工分别负责)。

(九)完善信贷机制。在强化涉农业务全面风险管理的基础上,鼓励商业银行单列涉农信贷计划,下放贷款审批权限,优化绩效考核机制,推行尽职免责制度,调动"三农"信贷投放的内在积极性(银监会、人民银行等按职责分工分别负责)。

四、创新农村金融产品和服务方式

(十)创新农村金融产品。推行"一次核定、随用随贷、余额控制、周转使用、动态调整"的农户信贷模式,合理确定贷款额度、放款进度和回收期限。加快在农村地区推广应用微贷技术。推广产业链金融模式。大力发展农村电话银行、网上银行业务。创新和推广专营机构、信贷工厂等服务模式。鼓励开展农业机械等方面的金融租赁业务(银监会、人民银行、农业部、工业和信息化部、发展改革委等按职责分工分别负责)。

(十一)创新农村抵(质)押担保方式。制定农村土地承包经营权抵押贷款试点管理办法,在经批准的地区开展试点。慎重稳妥地开展农民住房财产权抵押试点。健全完善林权抵押登记系统,扩大林权抵押贷款规模。推广以农业机械设备、运输工具、水域滩涂养殖权、承包土地收益权等为标的的新型抵押担保方式。加强涉农信贷与涉农保险合作,将涉农保险投保情况作为授信要素,探索拓宽涉农保险保单质押范围(人民银行、银监会、保监会、国土资源部、农业部、林业局等按职责分工分别负责)。

(十二)改进服务方式。进一步简化金融服务手续,推行通俗易懂的合同文本,优化审批流程,规范服务收费,严禁在提供金融服务时附加不合理条件和额外费用,切实维护农民利益(银监会、证监会、保监会、发展改革委、人民银行等按职责分工分别负责)。

五、加大对重点领域的金融支持

(十三)支持农业经营方式创新。在部分地区开展金融支持农业规模化生产和集约化经营试点。积极推动金融产品、利率、期限、额度、流程、风险控制等方面创新,进一步满足家庭农场、专业大户、农民合作社和农业产业化龙头企业等新型农业经营主体的金融需求。继续加大对农民扩大再生产、消费升级和自主创业的金融支持力度(银监会、人民银行、农业部、证监会、保监会、发展改革委等按职责分工分别负责)。

(十四)支持提升农业综合生产能力。加大对耕地整理、农田水利、粮棉油糖高产创建、畜禽水产品标准化养殖、种养业良种生产等经营项目的信贷支持力度。重点支持农业科技进步、现代种业、农机装备制造、设施农业、农产品精深加工等现代农业项目和高科技农业项目(银监会、人民银行、发展改革委、农业部等按职责分工分别负责)。

(十五)支持农业社会化服务产业发展。支持农产品产地批发市场、零售市场、仓储物流设施、连锁零售等服务设施建设(银监会、人民银行、发展改革委、财政部、农业部、商务部、供销合作总社等按职责分工分别负责)。

(十六)支持农业发展方式转变。大力发展绿色金融,促进节水农业、循环农业和生态友好型农业发展(人民银行、银监会、农业部、林业局、发展改革委等按职责分工分别负责)。

(十七)探索支持新型城镇化发展的有效方式。创新适应新型城镇化发展的金融服务机制,重点发挥政策性金融作用,稳步拓宽城镇建设融资渠道,着力做好农业转移人口的综合性金融服务(人民银行、发展改革委、财政部、银监会等按职责分工分别负责)。

六、拓展农业保险的广度和深度

(十八)扩大农业保险覆盖面。重点发展关系国计民生和国家粮食安全的农作物保险、主要畜产品保险、重要"菜篮子"品种保险和森林保险。推广农房、农机具、设施农业、渔业、制种保险等业务(保监会、财政部、农业部、林业局等按职责分工分别负责)。

（十九）创新农业保险产品。稳步开展主要粮食作物、生猪和蔬菜价格保险试点，鼓励各地区因地制宜开展特色优势农产品保险试点。创新研发天气指数、农村小额信贷保证保险等新型险种（保监会、财政部、农业部、林业局、银监会、发展改革委等按职责分工分别负责）。

（二十）完善保费补贴政策。提高中央、省级财政对主要粮食作物保险的保费补贴比例，逐步减少或取消产粮大县的县级保费补贴（财政部、保监会、农业部等按职责分工分别负责）。

（二十一）加快建立财政支持的农业保险大灾风险分散机制，增强对重大自然灾害风险的抵御能力（财政部、保监会、农业部等按职责分工分别负责）。

（二十二）加强农业保险基层服务体系建设，不断提高农业保险服务水平（保监会、财政部、农业部、林业局等按职责分工分别负责）。

七、稳步培育发展农村资本市场

（二十三）大力发展农村直接融资。支持符合条件的涉农企业在多层次资本市场上进行融资，鼓励发行企业债、公司债和中小企业私募债。逐步扩大涉农企业发行中小企业集合票据、短期融资券等非金融企业债务融资工具的规模。支持符合条件的农村金融机构发行优先股和二级资本工具（证监会、人民银行、发展改革委、银监会等按职责分工分别负责）。

（二十四）发挥农产品期货市场的价格发现和风险规避功能。积极推动农产品期货新品种开发，拓展农产品期货业务。完善商品期货交易机制，加强信息服务，推动农民合作社等农村经济组织参与期货交易，鼓励农产品生产经营企业进入期货市场开展套期保值业务（证监会负责）。

（二十五）谨慎稳妥地发展农村地区证券期货服务。根据农村地区特点，有针对性地提升证券期货机构的专业能力，探索建立农村地区证券期货服务模式,支持农户、农业企业和农村经济组织进行风险管理,加强对投资者的风险意识教育和风险管理培训,切实保护投资者合法权益(证监会负责)。

八、完善农村金融基础设施

(二十六)推进农村信用体系建设。继续组织开展信用户、信用村、信用乡(镇)创建活动,加强征信宣传教育,坚决打击骗贷、骗保和恶意逃债行为(人民银行、银监会、保监会、公安部、发展改革委等按职责分工分别负责)。

(二十七)发展农村交易市场和中介组织。在严格遵守《国务院关于清理整顿各类交易场所切实防范金融风险的决定》(国发〔2011〕38号)的前提下,探索推进农村产权交易市场建设,积极培育土地评估、资产评估等中介组织,建设具有国内外影响力的农产品交易中心(证监会、发展改革委、国土资源部、农业部、财政部等按职责分工分别负责)。

(二十八)改善农村支付服务环境。推广非现金支付工具和支付清算系统,稳步推广农村移动便捷支付,不断提高农村地区支付服务水平(人民银行、工业和信息化部、银监会等按职责分工分别负责)。

(二十九)保护农村金融消费者权益。畅通农村金融消费者诉求渠道,妥善处理金融消费纠纷。继续开展送金融知识下乡、入社区、进校园活动,提高金融知识普及教育的有效性和针对性,增强广大农民风险识别、自我保护的意识和能力(银监会、证监会、保监会、人民银行、公安部等按职责分工分别负责)。

九、加大对"三农"金融服务的政策支持

(三十)健全政策扶持体系。完善政策协调机制,加快建立导向明确、激励有效、约束严格、协调配套的长期化、制度化农村金融政策扶持体系,为金融机构开展"三农"业务提供稳定的政策预期(财政部、人民银行、银监会、税务总局、证监会、保监会等按职责分工分别负责)。

(三十一)加大政策支持力度。按照"政府引导、市场运作"原则,综合运用奖励、补贴、税收优惠等政策工具,重点支持金融机构开展农户小额贷款、新型农业经营主体贷款、农业种植业养殖业贷款、大宗农产品保险,以及银行卡助农取款、汇款、转账等支农惠农政策性支付业务。按照"鼓励增量,兼顾存量"原则,完善涉农贷款财政奖励制度。优化农村金融税收政策,完善农户小额贷款税收优惠政策。落实对新型农村金融机构和基础金融服务薄弱地区的银行业金融机构(网点)的定向费用补贴政策。完善农村信贷损失补偿机制,探索建立地方财政出资的涉农信贷风险补偿基金。对涉农贷款占比高的县域银行业法人机构实行弹性存贷比,优先支持开展"三农"金融产品创新(财政部、人民银行、税务总局、银监会、保监会等按职责分工分别负责)。

(三十二)完善涉农贷款统计制度。全面、及时、准确反映农林牧渔业贷款、农户贷款、农村小微企业贷款以及农民合作社贷款情况,依据涉农贷款统计的多维口径制定金融政策和差别化监管措施,提高政策支持的针对性和有效性(人民银行、银监会等按职责分工分别负责)。

(三十三)开展政策效果评估,不断完善相关政策措施,更好地引导带动金融机构支持"三农"发展(财政部、人民银行、银监会、农业部、税务总局、证监会、保监会等按职责分工分别负责)。

(三十四)防范金融风险。金融管理部门要按照职责分工,加强金融监管,着力做好风险识别、监测、评估、预警和控制工作,进一步发挥金融监管协调部际联席会议制度的作用,不断健全新形势下的风险处置机制,切实维护金融稳定。各金融机构要进一步健全制度,完善风险管理。地方人民政府要按照监管规则和要求,切实担负起对小额贷款公司、担保公司、典当行、农村资金互助合作组织的监管责任,层层落实突发金融风险事件处置的组织职责,制定完善风险应对预案,守住底线(银监会、证监会、保监会、人民银行等按职责分工分别负责)。

(三十五)加强督促检查。各地区、各有关部门和各金融机构要按照国务院统一部署,增强做好"三农"金融服务工作的责任感和使命感,各司其职,协调配合,扎实推动各项工作。地方各级人民政府要结合本地区实际,抓紧研究制定扶持政策,加大对农村金融改革发展的政策支持力度。各省、自治区、直辖市人民政府要按年度对本地区金融支持"三农"发展工作进行全面总结,提出政策意见和建议,于次年1月底前报国务院。各有关部门要按照职责分工精心组织,切实抓好贯彻落实工作,银监会要牵头做好督促检查和各地区工作情况的汇总工作,确保各项政策措施落实到位。

国务院办公厅
2014年4月20日

附录二

农业部关于促进家庭农场发展的指导意见

2014年2月24日,农业部以农经发〔2014〕1号印发《关于促进家庭农场发展的指导意见》。该《意见》分充分认识促进家庭农场发展的重要意义、把握家庭农场基本特征、明确工作指导要求、探索建立家庭农场管理服务制度、引导承包土地向家庭农场流转、落实对家庭农场的相关扶持政策、强化面向家庭农场的社会化服务、完善家庭农场人才支撑政策、引导家庭农场加强联合与合作、加强组织领导10部分。

近年来各地顺应形势发展需要,积极培育和发展家庭农场,取得了初步成效,积累了一定经验。为贯彻落实党的十八届三中全会、中央农村工作会议精神和中央1号文件要求,加快构建新型农业经营体系,现就促进家庭农场发展提出以下意见。

一、充分认识促进家庭农场发展的重要意义。当前,我国农业农村发展进入新阶段,要应对农业兼业化、农村空心化、农民老龄化,解决谁来种地、怎样种好地的问题,亟需加快构建新型农业经营体系。家庭农场作为新型农业经营主体,以农民家庭成员为主要劳动力,以农业经营收入为主要收入来源,利用家庭承包土地或流转土地,从事规模化、集约化、商品化农业生产,保留了农户家庭经营的内核,坚持了家庭经营的基础性地位,适合我国基本国情,符合农业生产特点,契合经济社会发展阶段,是农户家庭承包经营的升级版,已成为引领适度规模经营、发展现代农业的有生力量。各级农业部门要充分认识发展家庭农场的重要意义,把这项工作摆上重要议事日程,切实加强政策扶持和工作指导。

二、把握家庭农场基本特征。现阶段,家庭农场经营者主要是农民或其他长期从事农业生产的人员,主要依靠家庭成员而不是依靠雇工从事生产经营活动。家庭农场专门从事农业,主要进行种养业专业化生产,经营者大都接受过农业教育或技能培训,经营管理水平较高,示范带动能力较强,具有商品农产品生产能力。家庭农场经营规模适度,种养规模与家庭成员的劳动生产能力和经营管理能力相适应,符合当地确定的规模经营标准,收入水平能与当地城镇居民相当,实现较高的土地产出率、劳动生产率和资源利用率。各地要正确把握家庭农场特征,从实际出发,根据产业特点和家庭农场发展进程,引导其健康发展。

三、明确工作指导要求。在我国,家庭农场作为新生事物,还处在发展的起步阶段。当前主要是鼓励发展、支持发展,并在实践中不断探索、逐步规范。发展家庭农场要紧紧围绕提高农业综合生产能力、促进粮食生产、农业增效和农民增收来开展,要重点鼓励和扶持家庭农场发展粮食规模化生产。要坚持农村基本经营制度,以家庭承包经营为基础,在土地承包经营权有序流转的基础上,结合培育新型农业经营主体和发展农业适度规模经营,通过政策扶持、示范引导、完善服务,积极稳妥地加以推进。要充分认识到,在相当长时期内普通农户仍是农业生产经营的基础,在发展家庭农场的同时,不能忽视普通农户的地位和作用。要充分认识到,不断发展起来的家庭经营、集体经营、合作经营、企业经营等多种经营方式,各具特色、各有优势,家庭农场与专业大户、农民合作社、农业产业化经营组织、农业企业、社会化服务组织等多种经营主体,都有各自的适应性和发展空间,发展家庭农场不排斥其他农业经营形式和经营主体,不只追求一种模式、一个标准。要充分认识到,家庭农场发展是一个渐进过程,要靠农民自主选择,防止脱离当地实际、违背农民意愿、片面追求超大规模经营的倾向,人为垒大堆、垒大户。

四、探索建立家庭农场管理服务制度。为增强扶持政策的精准性、指向性,县级农业部门要建立家庭农场档案,县以上农业部门可从当地实际出发,明确家庭农场认定标准,对经营者资格、劳动力结构、收入构成、经营规模、管理水平等提出相应要求。各地要积极开展示范家庭农场创建活动,建立和发布示范家庭农场名录,引导和促进家庭农场提高经营管理水平。依照自愿原则,家庭农场可自主决定办理工商注册登记,以取得相应市场主体资格。

五、引导承包土地向家庭农场流转。健全土地流转服务体系,为流转双方提供信息发布、政策咨询、价格评估、合同签订指导等便捷服务。引导和鼓励家庭农场经营者通过实物计租货币结算、租金动态调整、土地经营权入股保底分红等利益分配方式,稳定土地流转关系,形成适度的土地经营规模。鼓励有条件的地方将土地确权登记、互换并地与农田基础设施建设相结合,整合高标准农田建设等项目资金,建设连片成方、旱涝保收的农田,引导流向家庭农场等新型经营主体。

六、落实对家庭农场的相关扶持政策。各级农业部门要将家庭农场纳入现有支农政策扶持范围,并予以倾斜,重点支持家庭农场稳定经营规模、改善生产条件、提高技术水平、改进经营管理等。加强与有关部门沟通协调,推动落实涉农建设项目、财政补贴、税收优惠、信贷支持、抵押担保、农业保险、设施用地等相关政策,帮助解决家庭农场发展中遇到的困难和问题。

七、强化面向家庭农场的社会化服务。基层农业技术推广机构要把家庭农场作为重要服务对象,有效提供农业技术推广、优良品种引进、动植物疫病防控、质量检测检验、农资供应和市场营销等服务。支持有条件的家庭农场建设试验示范基地,担任农业科技示范户,参与实施农业技术推广项目。引导和鼓励各类农业社会化服务组织开展面向家庭农场的代耕代种代收、病虫害统防统治、肥料统配统施、集中育苗育秧、灌溉排水、贮藏保鲜等经营性社会化服务。

八、完善家庭农场人才支撑政策。各地要加大对家庭农场经营者的培训力度，确立培训目标、丰富培训内容、增强培训实效，有计划地开展培训。要完善相关政策措施，鼓励中高等学校特别是农业职业院校毕业生、新型农民和农村实用人才、务工经商返乡人员等兴办家庭农场。将家庭农场经营者纳入新型职业农民、农村实用人才、"阳光工程"等培育计划。完善农业职业教育制度，鼓励家庭农场经营者通过多种形式参加中高等职业教育提高学历层次，取得职业资格证书或农民技术职称。

九、引导家庭农场加强联合与合作。引导从事同类农产品生产的家庭农场通过组建协会等方式，加强相互交流与联合。鼓励家庭农场牵头或参与组建合作社，带动其他农户共同发展。鼓励工商企业通过订单农业、示范基地等方式，与家庭农场建立稳定的利益联结机制，提高农业组织化程度。

十、加强组织领导。各级农业部门要深入调查研究，积极向党委、政府反映情况、提出建议，研究制定本地区促进家庭农场发展的政策措施，加强与发改、财政、工商、国土、金融、保险等部门协作配合，形成工作合力，共同推进家庭农场健康发展。要加强对家庭农场财务管理和经营指导，做好家庭农场统计调查工作。及时总结家庭农场发展过程中的好经验、好做法，充分运用各类新闻媒体加强宣传，营造良好社会氛围。

国有农场可参照本意见，对农场职工兴办家庭农场给予指导和扶持。

农业部
2014年2月24日

附录三

中国人民银行关于做好家庭农场等新型农业经营主体金融服务的指导意见

中国人民银行上海总部,各分行、营业管理部,各省会(首府)城市中心支行,各副省级城市中心支行;国家开发银行、各政策性银行、国有商业银行、股份制商业银行、中国邮政储蓄银行;交易商协会:

为贯彻落实党的十八届三中全会、中央经济工作会议、中央农村工作会议和《中共中央国务院关于全面深化农村改革加快推进农业现代化的若干意见》(中发〔2014〕1号)精神,扎实做好家庭农场等新型农业经营主体金融服务,现提出如下意见:

一、充分认识新形势下做好家庭农场等新型农业经营主体金融服务的重要意义。家庭农场、专业大户、农民合作社、产业化龙头企业等新型农业经营主体是当前实现农村农户经营制度基本稳定和农业适度规模经营有效结合的重要载体。培育发展家庭农场等新型农业经营主体,加大对新型农业经营主体的金融支持,对于加快推进农业现代化、促进城乡统筹发展和实现"四化同步"目标具有重要意义。人民银行各分支机构、各银行业金融机构要充分认识农业现代化发展的必然趋势和家庭农场等新型农业经营主体的历史地位,积极推动金融产品、利率、期限、额度、流程、风险控制等方面创新,合理调配信贷资源,扎实做好新型农业经营主体各项金融服务工作,支持和促进农民增收致富和现代农业加快发展。

二、切实加大对家庭农场等新型农业经营主体的信贷支持力度。各银行业金融机构对经营管理比较规范、主要从事农业生产、有一定生产经营规模、收益相对稳定的家庭农场等新型农业经营主体,应采取灵活方式确定承贷主体,按照"宜场则场、宜户则户、宜企则企、宜社则社"的原则,简化审贷流程,确保其合理信贷需求得到有效满足。重点支持新型农业经营主体购买农业生产资料、购置农机具、受让土地承包经营权、从事农田整理、农田水利、大棚等基础设施建设维修等农业生产用途,发展多种形式规模经营。

三、合理确定贷款利率水平,有效降低新型农业经营主体的融资成本。对于符合条件的家庭农场等新型农业经营主体贷款,各银行业金融机构应从服务现代农业发展的大局出发,根据市场化原则,综合调配信贷资源,合理确定利率水平。对于地方政府出台了财政贴息和风险补偿政策以及通过抵质押或引入保险、担保机制等符合条件的新型农业经营主体贷款,利率原则上应低于本机构同类同档次贷款利率平均水平。各银行业金融机构在贷款利率之外不应附加收费,不得搭售理财产品或附加其他变相提高融资成本的条件,切实降低新型农业经营主体融资成本。

四、适当延长贷款期限,满足农业生产周期实际需求。对日常生产经营和农业机械购买需求,提供1年期以内短期流动资金贷款和1至3年期中长期流动资金贷款支持;对于受让土地承包经营权、农田整理、农田水利、农业科技、农业社会化服务体系建设等,可以提供3年期以上农业项目贷款支持;对于从事林木、果业、茶叶及林下经济等生长周期较长作物种植的,贷款期限最长可为10年,具体期限由金融机构与借款人根据实际情况协商确定。在贷款利率和期限确定的前提下,可适当延长本息的偿付周期,提高信贷资金的使用效率。对于林果种植等生产周期较长的贷款,各银行业金融机构可在风险可控的前提下,允许贷款到期后适当展期。

五、合理确定贷款额度,满足农业现代化经营资金需求。各银行业金融机构要根据借款人生产经营状况、偿债能力、还款来源、贷款真实需求、信用状况、担保方式等因素,合理确定新型农业经营主体贷款的最高额度。原则上,从事种植业的专业大户和家庭农场贷款金额最高可以为借款人农业生产经营所需投入资金的70%,其他专业大户和家庭农场贷款金额最高可以为借款人农业生产经营所需投入资金的60%。家庭农场单户贷款原则上最高可达1000万元。鼓励银行业金融机构在信用评定基础上对农民合作社示范社开展联合授信,增加农民合作社发展资金,支持农村合作经济发展。

六、加快农村金融产品和服务方式创新,积极拓宽新型农业经营主体抵质押担保物范围。各银行业金融机构要加大农村金融产品和服务方式创新力度,针对不同类型、不同经营规模家庭农场等新型农业经营主体的差异化资金需求,提供多样化的融资方案。对于种植粮食类新型农业经营主体,应重点开展农机具抵押、存货抵押、大额订单质押、涉农直补资金担保、土地流转收益保证贷款等业务,探索开展粮食生产规模经营主体营销贷款创新产品;对于种植经济作物类新型农业经营主体,要探索蔬菜大棚抵押、现金流抵押、林权抵押、应收账款质押贷款等金融产品;对于畜禽养殖类新型农业经营主体,要重点创新厂房抵押、畜禽产品抵押、水域滩涂使用权抵押贷款业务;对产业化程度高的新型农业经营主体,要开展"新型农业经营主体+农户"等供应链金融服务;对资信情况良好、资金周转量大的新型农业经营主体要积极发放信用贷款。人民银行各分支机构要根据中央统一部署,主动参与制定辖区试点实施方案,因地制宜,统筹规划,积极稳妥推动辖内农村土地承包经营权抵押贷款试点工作,鼓励金融机构推出专门的农村土地承包经营权抵押贷款产品,配置足够的信贷资源,创新开展农村土地承包经营权抵押贷款业务。

七、加强农村金融基础设施建设,努力提升新型农业经营主体综合金融服务水平。进一步改善农村支付环境,鼓励各商业银行大力开展农村支付业务创新,推广 POS 机、网上银行、电话银行等新型支付业务,多渠道为家庭农场提供便捷的支付结算服务。支持农村粮食、蔬菜、农产品、农业生产资料等各类专业市场使用银行卡、电子汇划等非现金支付方式。探索依托超市、农资站等组建村组金融服务联系点,深化银行卡助农取款服务和农民工银行卡特色服务,进一步丰富村组的基础性金融服务种类。完善农村支付服务政策扶持体系。持续推进农村信用体系建设,建立健全对家庭农场、专业大户、农民合作社的信用采集和评价制度,鼓励金融机构将新型农业经营主体的信用评价与信贷投放相结合,探索将家庭农场纳入征信系统管理,将家庭农场主要成员一并纳入管理,支持守信家庭农场融资。

八、切实发挥涉农金融机构在支持新型农业经营主体发展中的作用。农村信用社(包括农村商业银行、农村合作银行)要增强支农服务功能,加大对新型农业经营主体的信贷投入;农业发展银行要围绕粮棉油等主要农产品的生产、收购、加工、销售,通过"产业化龙头企业+家庭农场"等模式促进新型农业经营主体做大做强。积极支持农村土地整治开发、高标准农田建设、农田水利等农村基础设施建设,改善农业生产条件;农业银行要充分利用作为国有商业银行"面向三农"的市场定位和"三农金融事业部"改革的特殊优势,创新完善针对新型农业经营主体的贷款产品,探索服务家庭农场的新模式;邮政储蓄银行要加大对"三农"金融业务的资源配置,进一步强化县以下机构网点功能,不断丰富针对家庭农场等新型农业经营主体的信贷产品。农业发展银行、农业银行、邮政储蓄银行和农村信用社等涉农金融机构要积极探索支持新型农业经营主体的有效形式,可选择部分农业生产重点省份的县(市),提供"一对一服务",重点支持一批家庭农场等新型农业经营主体发展现代农业。其他涉农银行业金融机构及小额贷款公司,也要在风险可控前提下,创新信贷管理体制,优化信贷管理流程,积极支持新型农业经营主体发展。

九、综合运用多种货币政策工具,支持涉农金融机构加大对家庭农场等新型农业经营主体的信贷投入。人民银行各分支机构要综合考虑差别准备金动态调整机制有关参数,引导地方法人金融机构增加县域资金投入,加大对家庭农场等新型农业经营主体的信贷支持。对于支持新型农业经营主体信贷投放较多的金融机构,要在发放支农再贷款、办理再贴现时给予优先支持。通过支农再贷款额度在地区间的调剂,不断加大对粮食主产区的倾斜,引导金融机构增加对粮食主产区新型农业经营主体的信贷支持。

十、创新信贷政策实施方式。人民银行各分支机构要将新型农业经营主体金融服务工作与农村金融产品和服务方式创新、农村金融产品创新示范县创建工作有机结合,推动涉农信贷政策产品化,力争做到"一行一品",确保政策落到实处。充分发挥县域法人金融机构新增存款一定比例用于当地贷款考核政策的引导作用,提高县域法人金融机构支持新型农业经营主体的意愿和能力。深入开展涉农信贷政策导向效果评估,将对新型农业经营主体的信贷投放情况纳入信贷政策导向效果评估,以评估引导带动金融机构支持新型农业经营主体发展。

十一、拓宽家庭农场等新型农业经营主体多元化融资渠道。对经工商注册为有限责任公司、达到企业化经营标准、满足规范化信息披露要求且符合债务融资工具市场发行条件的新型家庭农场,可在银行间市场建立绿色通道,探索公开或私募发债融资。支持符合条件的银行发行金融债券专项用于"三农"贷款,加强对募集资金用途的后续监督管理,有效增加新型农业经营主体信贷资金来源。鼓励支持金融机构选择涉农贷款开展信贷资产证券化试点,盘活存量资金,支持家庭农场等新型农业经营主体发展。

十二、加大政策资源整合力度。人民银行各分支机构要积极推动当地政府出台对家庭农场等新型农业经营主体贷款的风险奖补政策,切实降低新型农业经营主体融资成本。鼓励有条件的地区由政府出资设立融资性担保公司或在现有融资性担保公司中拿出专项额度,为新型农业经营主体提供贷款担保服务。各银行业金融机构要加强与办理新型农业经营主体担保业务的担保机构的合作,适当扩大保证金的放大倍数,推广"贷款+保险"的融资模式,满足新型农业经营主体的资金需求。推动地方政府建立农村产权交易市场,探索农村集体资产有序流转的风险防范和保障制度。

十三、加强组织协调和统计监测工作。人民银行各分支机构要加强与地方政府有关部门和监管部门的沟通协调,建立信息共享和工作协调机制,确保对家庭农场等新型农业经营主体的金融服务政策落到实处。要积极开展对辖区内各经办银行的业务指导和统计分析,按户、按金融机构做好家庭农场等新型农业经营主体金融服务的季度统计报告,动态跟踪辖区内新型农业经营主体金融服务工作进展情况。同时要密切关注主要农产品生产经营形势、供需情况、市场价格变化,防范新型农业经营主体信贷风险。

请人民银行各分支机构将本通知转发至辖区内相关金融机构,并做好贯彻落实工作,有关落实情况和问题要及时上报总行。

中国人民银行
2014 年 2 月 13 日